Criação e História do Rito Escocês Retificado

Jean URSIN

Criação e História do Rito Escocês Retificado

Tradução:
Alan Bernardes Rocha

MADRAS®

Publicado originalmente em francês sob o título de *Création et Histoire du Rite Écossais Rectifié*, por Éditions Dervy.
© 1993, 2004, Éditions Dervy.
Direitos de edição e tradução para o Brasil.
Tradução autorizada do francês.
© 2014, Madras Editora Ltda.

Editor:
Wagner Veneziani Costa

Produção e Capa:
Equipe Técnica Madras

Tradução:
Alan Bernardes Rocha

Revisão da Tradução:
Robson B. Gimenes

Revisão:
Silvia Massimini Felix
Jerônimo Feitosa
Renata Brabo

Dados Internacionais de Catalogação na Publicação (CIP)
(Câmara Brasileira do Livro, SP, Brasil)

Ursin, Jean
 Criação e história do rito escocês retificado/Jean Ursin; tradução Alan Bernardes Rocha. – São Paulo: Madras, 2014.
 Título original: Création et histoire du rite écossais rectifié.
 Bibliografia.
 ISBN 978-85-370-0905-5

 1. Maçonaria – Rito escocês Retificado – França – História I. Título.

14-02304   CDD-366.109

 Índices para catálogo sistemático:
 1. Maçonaria: Rito escocês: Sociedades secretas: História 366.109

É proibida a reprodução total ou parcial desta obra, de qualquer forma ou por qualquer meio eletrônico, mecânico, inclusive por meio de processos xerográficos, incluindo ainda o uso da internet, sem a permissão expressa da Madras Editora, na pessoa de seu editor (Lei nº 9.610, de 19.2.98).

Todos os direitos desta edição, em língua portuguesa, reservados pela

MADRAS EDITORA LTDA.
Rua Paulo Gonçalves, 88 — Santana
CEP: 02403-020 — São Paulo/SP
Caixa Postal: 12183 — CEP: 02013-970
Tel.: (11) 2281-5555 — Fax: (11) 2959-3090
www.madras.com.br

À elevada memória de Jean-Baptiste Willermoz.

Índice

Apresentação 11

PRIMEIRA PARTE:
Uma Abordagem Histórica do Rito Escocês Retificado

A França e a Escócia do Século XIV ao XVIII 17
Maçonaria Operativa e Membros Associados 23
    OS VELHOS MANUSCRITOS 24
    RABELAIS, UM MAÇOM ACEITO 25
    OS MESTRES ESCOCESES 26
    AS FILHAS DE CLERMONT 28
O Sacro Império Romano-Germânico no Século XVIII 31
    AS GUERRAS NO SÉCULO XVIII 33
O Século das Luzes 35
    DEÍSMO 36
    AGNOSTICISMO 36
    ATEÍSMO 37
    O TEÍSMO 38
    TEÓSOFOS E TEOSOFIA 39
A Lenda Templária Karl Gotthelf von Hund
e a Estrita Observância 45
    A LENDA TEMPLÁRIA 45
    A ESTRITA OBSERVÂNCIA TEMPLÁRIA 48

SEGUNDA PARTE:
Jean-Baptiste Willermoz
10 de julho de 1730 – 29 de maio de 1824

Primeiro Período – 1750-1767: Da Iniciação Maçônica
à Iniciação "Cohen" 55
Segundo Período – 1767-1773: Da Recepção Cohen à
Correspondência com Karl von Hund....................................59
    AS FONTES DE MARTINEZ DE PASQUALLY...........63
    LOUIS-CLAUDE DE SAINT-MARTIN 64
Terceiro Período – 1773-1774: Da Correspondência
com Karl von Hund à Restauração da
2ª Província Chamada "Auvergne" 69
    CARTAS DE JEAN-BAPTISTE
    WILLERMOZ A KARL VON HUND 70
    1. MEUNIER DE PRÉCOURT...70
    2. "SAINT-JEAN-DES-VOYAGEURS"
    EM DRESDEN..71
    3. "LA CANDEUR" EM ESTRASBURGO.....................72
    4. DESORDENS PARISIENSES......................................72
    5. O CONVENTO DE KOHLO.......................................74
    6. ESCRÚPULOS E OBJEÇÕES... LIONESES 75
    7. WEILER EM ESTRASBURGO E EM LYON 76
Quarto Período – 1774-1779: Da Restauração da
2ª Província ao Convento das Gálias.......................................77
    1. EM LYON..77
    2. NA ALEMANHA 78
    3. AS VICISSITUDES DA E.O.T. 78
    4. CONSEQUÊNCIAS..79
    5. ORDEM DO TEMPLO E FRANCO-MAÇONARIA.....80
    6. O CONVENTO DAS GÁLIAS 81

ÍNDICE

Quinto Período – 1782: O Convento de Wilhelmsbad 85
    PRIMEIRA CIRCULAR DO DUQUE
    FERDINANDO DE BRUNSWICK.
    PAPEL DE WAECHTER 85
    APARECIMENTO DO BARÃO
    VON HAUGWITZ 86
    FRACASSO DO PROJETO DE UNIÃO
    ENTRE HAUGWITZ E WILLERMOZ 87
    SEGUNDA CIRCULAR DE 19 DE
    SETEMBRO DE 1780 88
    JOSEPH DE MAISTRE 88
    OS PARTIDOS EM PRESENÇA 89
    OS TRADICIONALISTAS 90
    OS RACIONALISTAS 90
    OS ILUMINADOS DA BAVIERA 91
    CHEFDEBIEN, SAVALETTE DE LANGES E OS
    PHILALÈTHES 93
    INTERVENÇÕES DE DITTFURTH 94
    O DISCURSO DE JEAN DE TURCKHEIM 95
    "A BENEFICÊNCIA" SEGUNDO H. DE
    VIRIEU E A REGRA MAÇÔNICA 96
    OS RITUAIS 97
    O ESTRONDO DO CONVENTO 99
    WILLERMOZ ATACADO POR SAVALETTE DE
    LANGES E POR BEYERLÉ 100
    BARRUEL E A TESE DO COMPLÔ 101
    UM DIGNO SUCESSOR DE BARRUEL: O MARQUÊS
    COSTA DE BEAUREGARD 102
    RETORNEMOS AO CONVENTO DE
    WILHELMSBAD 108

Sexto Período – 1785: Cagliostro e Mesmer 109
    CAGLIOSTRO 109
    MESMER 110

Sétimo Período – 1789-1824: O Período Revolucionário,
o Consulado e o Império 115

"NO MEIO DA TORMENTA" 115
O CONSULADO E O IMPÉRIO 117

O Pós-Willermoz 121
As Características do Rito Escocês Retificado 123
Bibliografia 127

    Sobre o Rito Escocês Retificado, a Estrita
    Observância Templária e Jean-Baptiste
    Willermoz, duas obras de profanos: 127

    Sobre a Franco-Maçonaria, o século XVIII
    e a Revolução 128

    Obras Gerais 129

Cronologia da E.O.T. e do R.E.R. 131

Apresentação

Pelos Laços de Fraternidade e Espiritualidade que nos unem, é com muita honra que, como Grão-Prior e Grão-Mestre Nacional da Ordem dos Cavaleiros Benfeitores da Cidade Santa – CBCS, apresento este livro a respeito da criação e da história do Rito Escocês Retificado aos Irmãos e leitores de língua portuguesa.

Como Presidente e Editor-Geral da Madras Editora, tenho me dedicado a fim de trazer obras internacionais de conteúdo sério a respeito das Ordens de Aperfeiçoamento Maçônico, para que sirvam como ferramentas de estudos e pesquisas aos maçons do Brasil.

Espero que esta e outras obras sejam uma contribuição para o conhecimento e crescimento cultural e espiritual de todos, e que a Ordem Prospere!

Em nome de NSJC,

Wagner Veneziani Costa

PRIMEIRA PARTE

UMA ABORDAGEM HISTÓRICA DO RITO ESCOCÊS RETIFICADO

Se há um termo que conheceu, e ainda conhece, na Maçonaria uma fortuna imensa, é o "Escocês". No dicionário de Ligou, 75 altos Graus referentes a esse qualificativo são mencionados. Eles se dividem em mais ou menos 135 regimes ou ritos, capítulos ou sistemas dos quais alguns tiveram apenas uma existência efêmera ou problemática; dentre eles, alguns levam o título de Escocês, tais como: "As Damas Escocesas da França do Asilo de Paris, Colina do Monte Thabor", Loja de Adoção particularmente brilhante que reunia damas da nobreza, sobretudo imperial, de 1808 a 1830; o Rito de "A Velha Bru(?) ou das Escocesas Fiéis", criado em Toulouse, em 1748, e que parece ter sobrevivido até 1812; "o Rito Escocês de Avignon"; "o Rito Escocês Filosófico".

Dois dos principais ritos praticados na G.L.N.F. [Grande Loja Nacional Francesa], o Rito Escocês Retificado, um dos únicos praticados pela Obediência de 1913 a 1927, e o Rito Escocês Antigo e Aceito, compreendem a menção "escocês". É possível interrogar-se a respeito das razões que levaram os criadores desses Ritos, Jean-Baptiste Willermoz, no Congresso de Wilhelmsbad, em 1782, e o conde de Grasse-Tilly, no Convento de Paris, de 22 de setembro de 1804, a incluir o qualificativo mencionado.

A partir de agora, uma observação fundamental se impõe: os ritos escoceses, os sistemas dos altos graus, em uma palavra, o Escocismo, não nasceram na Escócia. Eram desconhecidos nesse país. O objetivo deste trabalho é o de procurar, a partir da história da França e da Escócia pelo início da Ordem na França, o que pode explicar o entusiasmo pelo termo "escocês"... para tanto, as lendas não serão negligenciadas, pois geralmente "as velhas lendas dizem a verdade".

A FRANÇA E A ESCÓCIA DO SÉCULO XIV AO XVIII

Situada na parte mais setentrional da Grã-Bretanha, a Escócia possui uma costa entrecortada por golfos e estuários de *Firths*. Esquematicamente, ela é formada por duas cadeias montanhosas, as Terras Altas ou *Highlands* do Norte, e as Terras Altas do Sul, *Southern Uplands*. Esses dois complexos são separados por uma bacia profunda, as Terras Baixas, *Low Lands*.

No primeiro século da Era Cristã, os romanos desembarcaram novamente na Inglaterra. Ocuparam todo esse país em aproximadamente 50 anos. Mas a Escócia escapou de sua dominação. Para se proteger das incursões dos escoceses montanheses, os Pictos e depois Escotos, os romanos construíram linhas fortificadas, as quais eles levavam cada vez mais ao norte: muralha de Agrícola, muralha de Adriano, em 123, do *Firth* de Soilvay à foz da Tyne e, enfim, muralha de Antonino.

São Columbano e seus monges, vindos da Irlanda, evangelizaram a Escócia, cujos habitantes tiveram de se defender contra os piratas escandinavos até o século XIII. Em 1066, vencedor em Hastings, Guilherme da Normandia, "o Conquistador Bastardo", é coroado rei da Inglaterra. As relações dos reis normandos – os Plantagenetas – com a primeira dinastia real da Escócia foram muito boas. Mas quando, em 1286, essa dinastia se apaga com a morte de Alexandre III da Escócia, o rei da Inglaterra, Eduardo I, tenta impor sua autoridade à Escócia ao coroar Jean Baillol. Os escoceses se juntaram a Robert Bruce, que pela vitória de Bannockburn, em 24 de novembro de 1314, afastou momentaneamente a ameaça inglesa e inaugurou a aliança com a França, que seria uma constante na história da Escócia independente.

Quem reina então na França? É Felipe IV, conhecido como Felipe, o Belo. O dia 19 de março de 1314 é a ocasião do Martírio do Grão--Mestre do Templo, Jacques de Molay. Robert Bruce I teve um filho, David, e uma filha, Marjorie, que se casa com Walter Stewart. Com a morte de David, seu sobrinho, o filho de Marjorie e Walter Stewart, ocupa o trono da Escócia e reina de 1371 a 1390, com o nome de Robert II Stuart. Ele é o fundador da dinastia dos Stuart. Por duas vezes tem de encarar invasões inglesas.

Na França, com a morte do último filho de Felipe, o Belo, os Valois sucedem aos Capetianos. Eduardo III da Inglaterra, filho de Isabelle, "a loba da França", filha de Felipe, o Belo, reclama para si a coroa da França. É a origem da Guerra dos Cem Anos. Franceses e escoceses lutavam contra um inimigo comum. Para homenagear seus aliados naturais, o rei da França, Charles VII, cria uma companhia de homens armados escoceses por volta de 1445, da qual ele usaria mais tarde (1453) uma centena de arqueiros para formar sua guarda pessoal.

Essa guarda escocesa se prolongou até 1789. Ancestrais do cavaleiro De Ramsay, que encontraremos mais adiante, serviram--na. Uma das companhias de ordenança, também criada por Charles VII, será formada por escoceses (Joana d'Arc possuía uma escolta de soldados escoceses). Com a vitória de Castillon sobre os ingleses, em 1453, a Guerra dos Cem Anos chega ao fim. A paz foi restabelecida apenas em 1499 entre os ingleses e os escoceses. O casamento do rei da Escócia, Jaime IV, com Marguerite, filha de Henrique VII dos Tudor, sela essa paz provisória. Jaime V estreita novamente os laços com a França católica ao se casar primeiramente com Madeleine da França, filha de Francisco I, e em seguida com Maria de Lorena, união da qual nascerá Maria Stuart. Crescida na França, noiva do delfim, Maria reinará somente por um ano. Ele morre em dezembro de 1560. Catarina de Médici expulsa a jovem viúva... viúva depois de 18 meses de casamento, na Escócia. A situação fica confusa no país, agitado pela Reforma. Depois de um reinado movimentado, tanto no plano político quanto no conjugal, ela procura refúgio junto à sua prima, a rainha Elizabeth, filha de Henrique VIII. Essa última manda decapitar Maria depois de ficar presa por 18 anos; era 8 de fevereiro de 1587.

Entretanto, é o filho de Maria e Darnley que é designado por Elizabeth para sucedê-la, e Jaime VI da Escócia se torna Jaime I da Inglaterra: após o casamento de Jaime IV da Escócia com Marguerite Tudor. Jaime I reina na Inglaterra e na Escócia de 1603 a 1625.

Jaime I é sucedido por seu filho, Charles I. Seus problemas com o Parlamento provocam uma guerra civil. Vencido por Cromwell, o rei é feito prisioneiro, julgado e condenado à morte; foi executado em 30 de janeiro de 1649. Cromwell institui uma ditadura militar e puritana. Morre em 1658. Seu filho Richard o sucede, mas abandona o poder alguns meses mais tarde. Período conturbado ao qual põe fim o general Monk ao ocupar Londres e restaurar a monarquia.

O filho de Charles I, que havia se refugiado na França, sobe ao trono com o nome de Charles II, em 1660. Esse reino será assombrado por uma peste em 1665, e pelo grande incêndio de 1666, que destruiu dois terços da capital. A reconstrução foi confiada a um arquiteto de gênio, *sir* Christopher Wren. Era preciso ser rápido. As regras corporativas, que tinham até ali protegido as funções da construção, foram negligenciadas.

Foi assim precipitada a decadência da Maçonaria Operativa tradicional, que devia substituir, em 1717, a Maçonaria Especulativa, com a criação da Grande Loja de Londres, no dia de São João Batista.

Em reação contra a austeridade dos puritanos Cromwell, a corte de Charles II foi brilhante, espiritual, frívola como a de seu filho mais novo, Luís XIV. Charles II, casado com Catarina de Bragança (que imagino, erroneamente talvez, pequena, mulata, religiosa intolerante – estéril, além disso, não teve um filho legítimo, mas teve bastardos de suas numerosas amantes, bastardos que ele reconheceu ao torná-los nobres. Dois de seus bastardos interessam à história da Maçonaria: Charles Lennox, duque de Richmond, e

Maria Tudor. Esta última, casada com Edward Radcliffe, é mãe de Charles Radcliffe, mais conhecido como lorde Derwentwater, que foi um dos primeiros Grão-Mestres da Franco-Maçonaria Francesa. Nós o reencontraremos em breve.

Quanto ao duque de Richmond, ele é o filho da francesa Louise de Keroualle. Ela fazia parte do séquito da Madame, a cunhada de Luís XIV, por ocasião de uma visita desta a seu irmão, Charles II. Este se apaixonará perdidamente por Louise, e a nomeará dama de honra de sua mulher; assim resumimos a intriga amorosa: um ano, quando mal tinha chegado à Inglaterra, Louise engravida. Era 1671. Ela se torna duquesa de Portsmouth.

Depois de uma breve doença, Charles II morre em janeiro de 1685. Louise tem de reconquistar a França e retira-se ao Castelo de La Verrerie, próximo a Aubigny-sur-Nère, em Berry. Em recompensa aos seus bons e leais serviços, Luís XIV torna-a duquesa de Aubigny. Seu neto, Charles Lennox, duque de Richmond e duque de Aubigny, ocupa o Grão-Mestrado em 1724, em Londres. Ele possuía Loja em Aubigny ou no Castelo de La Verrerie, onde teria iniciado o duque d'Antin, primeiro Grão-Mestre francês. Richmond não era um partidário dos Stuart, ao contrário, mas não nos antecipemos. Assim, a pequena história, história amorosa, junta-se à grande e à da Ordem Maçônica. É o irmão caçula de Charles II que o sucede, com o nome de Jaime II. Católico, absolutista, ele é perseguido pela Revolução de 1688; Guilherme de Nassau, príncipe de Orange, é proclamado rei em seu lugar. Jaime II se refugia na França, onde Luís XIV lhe dá asilo, em Saint-Germain-en-Laye.

Dois regimentos fiéis acompanhavam o rei deposto:

1. O Real Irlandês, no Oriente do qual teria existido a Loja "La Parfaite Égalité". O Grande Oriente da França admitia em 13 de março de 1777 que sua constituição datava de 25 de março de 1688, e que ela havia sido renovada em 9 de outubro de 1772 pela Grande Loja da França.
2. O Regimento de Dillon, que teria fundado a Loja "La Bonne Foi", no Oriente de Saint Germain. "Encontramo-nos, portanto, na presença de uma tradição, que certamente não se apoia em documentos autênticos, mas que ao menos é corroborada

por uma nota de Bertin du Rocheret no ano de 1737, que designa, assim, a fraternidade: 'Sociedade antiga da Inglaterra (...) introduzida na França pelo rei Jaime II em 1689'." (Jacques Chevalier, *Histoire de la Franc-Maçonnerie Française* e *Dictionnaire,* de Ligou, p. 132.)

Os partidários dos Stuart chamados jacobitas situavam-se entre os católicos, membros da Alta Igreja, os *tories*, escoceses que permaneceram fiéis à dinastia nacional. Duas tentativas de levantes tiveram lugar com a ajuda da França: a primeira com Jaime Eduardo, filho de Jaime II, conhecido como "o Cavaleiro de São Jorge", e a segunda com o filho desse último, Carlos Eduardo [Charles Edward], conhecido como "o Jovem Pretendente"; a princípio vencedor, foi vencido em Culloden, em 16 de abril de 1746, um ano depois de Fontenoy. Expulso da França após a paz de Aix-la-Chapelle, em 18 de agosto de 1748, pela qual Luís XV reconhece a sucessão da Inglaterra na linha hanoveriana e protestante, o herdeiro dos Stuart morre em Roma, em 31 de janeiro de 1778. Falaremos desse príncipe na segunda parte deste trabalho, quando traçaremos o histórico da Estrita Observância Templária.

Dentre os emigrantes jacobitas que seguiram os Stuart na França, reteremos os nomes do duque de Wharton, do baronete Mac Lean e do lorde Derwentwater, neto por via torta de Charles II. Esses três emigrantes stuartistas foram os primeiros Grão-Mestres da Ordem Maçônica na França.

Lorde Wharton, depois de ter sido Grão-Mestre da Grande Loja da Inglaterra, entre 1722 e 1723, transfere-se ao partido jacobita em 1725. No ano seguinte, ele se converte ao Catolicismo em Madri pelos belos olhos de uma irlandesa. É durante o inverno de 1728 e 1729 que ele reúne algumas Lojas parisienses e se torna o primeiro Grão-Mestre na França. Morre em 1732, no mosteiro de Poblet, na Catalunha, "terminando assim", diz P. Chevalier, "uma carreira curta, muito excêntrica e britânica".

Mac Lean o sucede, talvez depois de Charles Radcliffe, futuro lorde Derwentwater. Depois do Grão-Mestrado de Mac Lean, que termina em 1736, será a vez de Derwentwater (de 22 de dezembro de 1736 a 24 de junho de 1738). Derwentwater é o fundador da primeira

Loja "Saint Thomas", é o autor dos "Deveres Ordenados aos Maçons Livres", variação em um sentido nitidamente cristão das Constituições de Anderson, de 1723. Alec Mellor vê "nesse documento (que eu cito) a mais distante origem do futuro Rito Escocês Retificado, que, pelo canal da Estrita Observância, herda a exigência cristã". Derwentwater foi decapitado na Torre de Londres em 9 de dezembro de 1746, após o desastre de Culloden. Seu primo, o segundo duque de Richmond, recusa-se a interceder a seu favor.

Não poderíamos terminar este rápido sobrevoo a respeito das origens da Fraternidade na França, no século XVIII, sem evocar "a enigmática figura do Cavaleiro De Ramsay", escocês de origem e grande Orador sob o malhete de Derwentwater. Em 1737, ele pronuncia um discurso diante das Lojas de Paris reunidas. Primeiramente, ele o endereçou ao cardeal de Fleury, mas este o impede por razões de política exterior (ou seja: para que não houvesse complicações com a Inglaterra hanoveriana dos maçons emigrantes jacobitas). O duque d'Antin foi o sucessor de Derwentwater, no dia de São João Batista de 1738, com sua morte aos 36 anos, em 9 de dezembro de 1743, e foi quem leu o discurso de De Ramsay, em 1740. Ele foi o primeiro Grão-Mestre francês.

Como se vê, desde suas origens a Maçonaria Especulativa encontrou-se em confronto com a política; ela viu o dia posterior aos períodos conturbados pela Reforma e as guerras civis que esta engendrou pelas guerras entre nações, pelas revoluções, como vimos no caso da Inglaterra, e, sem negar a existência da influência da Grande Loja às outras Lojas, podemos afirmar que os emigrantes escoceses jacobitas tiveram um papel em primeiro plano na implantação da Ordem Maçônica na França.

MAÇONARIA OPERATIVA E MEMBROS ASSOCIADOS

A França e a Escócia tiveram, portanto, relações privilegiadas por pelo menos três séculos, mas, apesar das interferências entre a história e a Ordem, será que o que temos é suficiente para explicar o entusiasmo do termo "Escocês"? É preciso ter a coragem de entrar no domínio das hipóteses, pelo fato de haver uma ausência de documentos. Entretanto, não há dúvidas de que na Escócia:

1. A Maçonaria Operativa remete ao século XII. A Loja de Kilwining, no condado de Ayr, país natal de Ramsay, tem sua origem com as obras da abadia construída em 1140 pelos monges franceses vindos da Normandia.
2. Essas Lojas Operativas ficaram muito tempo em atividade, quando na Inglaterra, depois do *Big Fire* [Grande Incêndio], em 1666, declinaram rapidamente; e na França e nos países germânicos (os *Bau Hütten*) pareciam arruinadas.
3. Essas Lojas Operativas, na Escócia e em outros lugares, desde muito tempo, haviam "aceitado" pessoas estrangeiras para o trabalho. Podemos, então, formular a hipótese:
   - de que dentre todos esses escoceses em serviço na França, durante e depois da Guerra dos Cem Anos, havia maçons aceitos;
   - de que esses maçons aceitos não esperaram a chegada dos regimes fiéis a Jaime II e a Saint-Germain para criar Lojas na França.

OS VELHOS MANUSCRITOS

Encontramos a prova da aceitação de pessoas estrangeiras para o trabalho nos velhos manuscritos. Sem dúvida que dentre elas sempre houve clérigos, que tinham o ofício de secretários, pois poucas pessoas sabiam ler e escrever, e barbeiros cirurgiões, pois havia acidentes de trabalho nas obras.

O *Manuscrit Regius* [Manuscrito Régio], datado de 1390, nos ensina que havia também "Aprendizes do sangue dos grandes senhores que praticavam essa geometria, o que é muito bom".

O *Manuscrit Cooke* [Manuscrito Cooke], "redigido por volta de 1430 e 1440, mas que é apenas uma transcrição de um documento anterior, emprega a primeira palavra especulativa". "O rei Athelstan, diz ele, era um verdadeiro Mestre Especulativo" (Paul Naudon, *Les origines...*, p. 263).

O *Manuscrit Dumfries IV* [Manuscrito Dumfries IV] faz alusão aos membros aceitos: "as outras obrigações e segredos que se referem por aí aos franco-maçons e a todos que foram recebidos na associação por curiosidade (...)". Por curiosidade quer dizer pelo "gosto do saber", do conhecimento. O fim da Idade Média é marcado por uma sede de saber que devora literalmente alguns eruditos: eles se apaixonam pela Cabala, tais como Guillaume Postel, na França, e Pico della Mirandola, na Itália, para citar apenas esses dois; eles são mais ou menos traçados pelo Hermetismo e a Alquimia. É muito provável, plausível, possível que alguns dentre eles, tomados pela curiosidade, como diz o *Dumfries IV*, curiosidade aguçada pela obrigação do segredo, tenham feito algumas Lojas de maçons operativos receberem-nos.

Dentre esses humanistas, François Rabelais (1494-1553), naturalmente de Touraine, merece uma menção especial. Ele foi o protegido do rei Francisco I.

RABELAIS, UM MAÇOM ACEITO

Rabelais é um típico humanista do Renascimento; seu gigante apetite pelo conhecimento, comparável ao de seu herói, Gargântua, não se limitava à Medicina; ele era diplomado pela Faculdade de Montpellier e foi médico do Hôtel-Dieu de Lyon. Gargântua escreve a seu filho Pantagruel: "Vasculhe cuidadosamente os livros dos médicos gregos, árabes e latinos, sem desprezar os talmudistas e cabalistas, (...) e em hebraico o Velho Testamento".

Isso não é tudo, mas é preciso ser um leitor avisado para reparar nessas duas passagens nos Prólogos do Terceiro e do Quinto Livro: "para com os *vestadours*, pioneiros e *rempareurs,* farei o que fez Renaud de Montauban, servirei aos maçons, ferverei pelos maçons". "Na edificação do Templo de Salomão, cada um ofereceu um século de ouro; a plenos punhos não podia (...) Já que em nossa faculdade a arte da arquitetura não é promovida como eles são, deliberei fazer o que fez Renaud de Montauban, servir aos maçons, ferver pelos maçons, e me terão – já que Companheiro não posso ser – como auditores de seus escritos celestiais." (Rabelais, Ed. Garnier, Paris, p. 210 e 488.)

Assim, Rabelais afirma sua qualidade de maçom aceito, sem discussão possível, e isso na primeira parte do século XVI, e na França. Sua referência ao Templo de Salomão é sintomática, gostaríamos que ele explicitasse o que entende por: "ferver pelos maçons". Enfim, ignoramos em qual Loja ele foi aceito. Será necessário retornar à Escócia, à aurora do século XVII, para ter certeza sobre a iniciação de um maçom não operativo na pessoa de John Boswel de

Auchinlock, em 8 de janeiro de 1600, na Loja "Mary's Chapel", em Edimburgo. O século XV viu extenuar-se pouco a pouco "a grande clareza da Idade Média". Entretanto, a arte ogival brilhou em um último clarão com o gótico flamejante.

Desde o fim do século XV, os reis da França foram guerrear na Itália em nome de suas quimeras. Em Florença, em particular, os artistas retornaram à Antiguidade depois de um século ao menos. Ao contato com essa Itália do *Quatrocentto*, os franceses ficaram maravilhados, dela levaram outra visão do mundo. Artistas italianos, tais como Leonardo da Vinci, acompanharam-nos até a França.

Leonardo morreria em Clos Lucé, próximo de Amboise, nos braços de Francisco I. Os fortes castelos viram suas austeras fachadas se encherem de janelas, seus corredores, seus muros se enfeitarem com terraços e sacadas... Em plena Sologne, o Castelo de Chambord materializa os sonhos de Francisco I, com muitas chaminés, um amontoado de claraboias e tetos pontiagudos. Mas o tempo dos construtores de catedrais claramente terminou...

OS MESTRES ESCOCESES

Em *L'humanisme Maçonnique*, na página 47, Paul Naudon escreve: "A influência desse humanismo do Renascimento sobre a Franco-Maçonaria é nitidamente aparente no que concerne à Maçonaria Escocesa. Sob o reinado de Jaime V, esposo de Maria de Lorena e pai de Maria Stuart, o sopro dos novos tempos impressionava a alta sociedade escocesa.

À provável instigação de Jaime V, o senhor Sinclair de Roslin, Grão-Mestre da Franco-Maçonaria Escocesa, resolveu também, pelo mesmo motivo de educação artística, ir à Itália, onde as Lojas Maçônicas, conhecidas pelo nome de Academias, eram numerosas e florescentes. Ele retorna de lá entusiasmado e decide confiar a artistas italianos a construção de uma capela. Não contente em construir uma capela, Sinclair manda vir outros maçons italianos, une-os aos maçons escoceses e depois os organiza em uma confraria e lhes outorga uma carta".

Em *Les Origines de la Franc-Maçonneire*, na página 264, acrescenta ele: "É dessa época, parece, que é preciso fazer ressurgir a transformação da antiga Maçonaria Operativa. Ela recebeu, então, pela transfusão de um novo sangue, um impulso que se traduz no plano cultural e artístico. Em seguida, os Stuart deram à Maçonaria uma nova orientação especulativa, desta vez em um sentido religioso e político".

Paul Naudon não apresenta referências e datas ao assunto da carta outorgada por Sinclair. Ao contrário, possui-se o manuscrito dos *Statuts*, de William Schaw, de 28 de dezembro de 1598. William Schaw foi: *King's Master of Works and Warden General* e *Chief Master of Masons*. "Warden", nos ensina Edmond Mazet (*Villard de Honnecourt*, tomo 7, p. 134), era nessa época o título do primeiro oficial nas Lojas da Escócia. A [Loja] Mary's Chapel, de Edimburgo, conserva o manuscrito com a assinatura de Schaw. De acordo com o dicionário de Ligou, a primeira das Cartas Saint-Clair é de 1605.

E quando Desaguliers chega à Escócia, em 1721, havia muito mais Lojas do que na Inglaterra; eram ainda, é verdade, Lojas Operativas. Em uma época em que, em Londres, os *Operative Masons* [maçons operativos] quase haviam desaparecido, eles constituíam na Escócia os principais adeptos. Antes de concluir este primeiro capítulo, é necessário citar as fontes deste trabalho: os livros de Paul Naudon, em particular *Les Origines Religieuses et Corporatives de la Franc-Maçonnerie, Les Loges de Saint-Jean, L'humanisme Maçonnique* e *La F. M. Chrétienne*, todos publicados pela Dervy. Em segundo lugar *Les Cahiers de Villard de Honnecourt*, que publicaram traduções dos velhos manuscritos, em particular os artigos de Gilles Pasquier e de Edmond Mazet, para citar apenas esses dois autores. Em terceiro lugar, o tomo I de *La Franc-Maçonnerie en France*, de Pierre Chevalier, e, enfim, os *Dictionnaires*, de Ligou e de Alec Mellor.

Foi em grandes traços que esboçamos a história da Escócia independente, insistindo particularmente nos altos e baixos dos últimos Stuart e na velha aliança, *the auld alliance*, entre a França e a Escócia, de que falam ainda alguns escoceses nostálgicos. Dentre todos esses homens de armas que empunharam durante três séculos suas espadas ao serviço da França, havia sem dúvida maçons aceitos.

Vimos quais foram a antiguidade, a atividade e a duração da Maçonaria Operativa na Escócia. Esses escoceses, maçons aceitos, não tiveram de permanecer inativos. Na página 31 de seu livro *Le Grand Siècle de la F.M. Lyonnaise au XVIII Siècle*, o dr. Albert Ladret escreve: "A data da primeira Loja Lionesa não foi especificada. Um documento do começo do século XVI assinala duas Lojas Escocesas, uma em Paris, outra em Lyon". Foi, portanto, muito antes do fim do século XVII a criação das Lojas Militares no Oriente de Saint-Germain.

AS FILHAS DE CLERMONT

Deixamos a França nos anos 1740. O duque d'Antin, o primeiro Grão-Mestre francês, morre em 9 de dezembro de 1743. No dia 11 de setembro do mesmo ano, a Grande Loja da França adota os Estatutos ou Ordenanças Gerais, dos quais o 20º e último artigo faz nitidamente alusão aos "Mestres Escoceses": esse artigo recusa aos Irmãos que se intitulavam Mestres Escoceses os direitos e privilégios que eles reivindicavam nas Lojas Azuis. Esses Mestres Escoceses vinham sem dúvida de Londres onde, desde 1733, se reuniam em "A Taverna do Diabo", no bairro do Temple Bar, duas Lojas: uma Azul ou Loja de trabalho, a outra dos *Scotts Masons*, ou Maçons Escoceses. Assim, mesmo na Inglaterra aparecia o termo Escocês por razões mais oportunistas e políticas do que tradicionais.

Nessa mesma data (1743), em que Jean-Baptiste Willermoz estava com 13 anos, 16 Veneráveis das Lojas de Paris elegem Louis de Bourbon-Condé, conde Clermont, no lugar do duque d'Antin, diante do príncipe de Conti e do marechal de Saxe. Em Paris, como em Londres, membros da alta aristocracia são recebidos pela Fraternidade. Em 1745, seguindo Paul Naudon, "o conde de Clermont aprova na plenitude de suas atribuições as de Grão-Mestre de todas as Lojas Regulares da França, com o *status* de uma Loja modelo, a Loja Escocesa de São João de Jerusalém", no Oriente de Paris. Ela terá Lojas-Filhas, chamadas "Filhas de Clermont". E as Lojas-Mães Escocesas vão crescer e se multiplicar, por Bordeaux, Marselha, Avignon, que engendrará "São João da Escócia do Contrato Social". Mas não dissimulemos os fatos: estamos na pré-história da Ordem, ou seja, em um período em que faltam documentos escritos. Quanto aos inícios do período histórico, é a criação em Londres, no dia de São João Batista, em 1717, da Grande Loja, e em Paris da primeira Loja de Saint Thomas por Derwentwater, Mac Lean, e de Haguerty, em 12 de junho de 1726. Não é exagerado dizer que a Franco-Maçonaria Francesa Especulativa nasceu nas fontes batismais dos Escoceses Jacobitas. O que não deixa de provocar reações da parte do governo inglês, também da Grande Loja de Londres de um lado e inquietações policiais por causa do cardeal Fleury, do outro.

Seria interessante saber em qual(is) rito(s) trabalhavam as primeiras Lojas Francesas. É preciso distinguir as Lojas Inglesas e as Lojas Escocesas.

No que se refere às primeiras, Gilles Pasquier comparou de uma parte as divulgações inglesas, tal como *Masonry Dissected*, de Pritchard, e, de outra, as publicadas na França de 1737 a 1751. Ele põe em relevo entre elas uma perfeita concordância. E deduz delas: "Essa primeira Maçonaria Francesa (...) é a ancestral do Rito Francês, tal qual será colocado em questão pela Câmara dos Graus do Grande Oriente de 1782 a 1785 e publicado em 1805, com o título de 'Régulateur du Maçon' [Regulador do Maçom]. Notemos que o Grande Oriente só será constituído em março de 1773".

Quanto às segundas, eis o que escreve Pierre Chevalier: "Fundadas por exilados por causa da fidelidade monárquica, pertencentes na maioria ao Catolicismo, seria surpreendente admitir que a Loja Saint Thomas tenha trabalhado no espírito de Anderson, inspirado por Desaguliers". Infelizmente, não sabemos em quais rituais essas oficinas jacobitas trabalhavam. Quaisquer que sejam, para homens como o conde de Clermont, J.-B. Willlermoz, o conde de Grasse-Tilly e tantos outros, dizer-se "Escocês" não seria se ligar a fatos históricos que retomavam o século XIV, uma tradição – não lendária, mas que repousava sobre antigos e veneráveis manuscritos, detidos por Lojas Operativas da Escócia, e assim retomar os prestigiosos construtores de catedrais? A resposta é: *sim*.

O SACRO IMPÉRIO ROMANO-GERMÂNICO NO SÉCULO XVIII

No início do século XVIII, os Habsburgo de Viena encabeçam o Sacro Império Romano-Germânico, esse Sacro Império do qual Voltaire, iniciado na Nove Irmãs aos 84 anos, dois meses antes de sua morte, dizia que não era nem sacro, nem romano, nem império, e o qual Johann Wolfgang von Goethe, iniciado na Loja "Amélie aux Trois Roses", de Weimar, com 31 anos, em 1780, irá admirar que ainda se tenha mantido em pé:

> *"Das liebe heilige Römische Reich*
> *Wie hält's nur noch zusammen?"*
> "O Amado Sacro Império Romano
> Como se mantém apenas ainda unido?"

canta um dos felizes compadres da caverna de Auerbach no primeiro *Fausto*.

Ao sul da Casa da Áustria reina em suas possessões hereditárias, que correspondem na maioria à Áustria atual, e na Boêmia com Praga. Ela acaba de perseguir os turcos da Hungria e vai estender seu alcance aos Bálcãs. Ao norte está o reino da Prússia; com efeito, em 18 de janeiro de 1701, o eleitor de Brandemburgo é reconhecido como "rei na Prússia", em Koenigsberg, fora dos limites do império. A oeste, com menor extensão, o Eleitorado de Hanôver é vizinho do grande porto de Hamburgo. Em 1714, com a morte da rainha Anne, e em virtude do ato de estabelecimento de 1701, os príncipes da Casa de Hanôver têm acesso ao trono da Inglaterra... A Inglaterra dos reis George verá o desabrochar do regime parlamentar e ela se elevará ao posto de potência mundial. Inglaterra e Hanôver, até 1837, ano da coroação da rainha Vitória, tiveram então o mesmo soberano. A cidade de Hamburgo era muito acolhedora aos estrangeiros. Em 1737, a Loja de Hamburgo é fundada com uma patente inglesa. Parece que é a mesma Loja que, em 1741, tem o nome de "Absalon aux Trois Orties", *Zu den Drei Nesseln*. Essa Loja de Hamburgo inicia, em 14 de agosto de 1738, o príncipe herdeiro da Prússia, o futuro Frederico II. O ano 1740 ou 1741 vê em Berlim a criação da Loja "Aux Trois Globes", que, em 1744, tem o nome de "Grande Loja-Mãe Real". De acordo com Paul Naudon, em 1738, o conde de Rutowsky funda em Dresden as três Lojas "Aux Trois Aigles Blancs", "Aux Trois Épées" e " Aux Trois Cygnes".

De Berlim, a luz chega a Breslau: a Loja "Aux Trois Squelettes", que trabalhará sob o malhete do futuro príncipe bispo Gotthart, conde Schaffgotsch, que em 1742 envia a Viena o conde de Império, Albert Joseph von Hoditz, para lá instalar a Loja "Aux Trois Canons". Essa Oficina, como as Oficinas alemãs, trabalhava em francês e contava, entre seus membros, com François Étienne, antigo duque de Lorena, que havia se casado, em 1736, com a futura imperatriz Maria Teresa. Ele foi o primeiro membro de uma casa reinante a entrar na Ordem. Havia sido iniciado, em 1731, em Haia, por uma delegação da Grande Loja de Londres, delegação que compreendia Desaguliers. Ele havia cedido seu ducado de Lorena a Stanislas Leczinski pelo Grão-Ducado da Toscana. Maria Teresa o proclama imperador germânico em 1745. Ele morre em 1765.

Para terminar essa exposição geopolítica, é preciso situar a Lusácia (*Die Lausitz*), que se estende ao nordeste da Saxônia, ao sul de Brandemburgo e a uma parte da Baixa Silésia, entre Elba a oeste e Neisse, afluente do Oder a leste. À margem esquerda do Neisse se encontra Görlitz, a cidade do grande teósofo Jacob Boehme. Próximo a Loebau, uma das cidades principais, encontra-se Kittlitz, terra do barão Karl Gotthelf von Hund und Altergrottkau, do qual voltaremos a falar detalhadamente.

AS GUERRAS NO SÉCULO XVIII

Várias guerras europeias ensanguentaram o século e se estenderam sobre o território do Sacro Império.
1. No início do século, a Guerra da Sucessão da Espanha opõe Holanda, Inglaterra e Áustria à França, aliada da Espanha. Os Tratados de Utrecht e de Rastatt colocam fim à tentativa de hegemonia francesa.
2. De 1733 a 1738, a Guerra da Sucessão da Polônia vê a França e a Espanha lutarem contra a Áustria, a Saxônia e a Rússia. Pelo Tratado de Viena, Stanislas Leczinski perde seu trono na Polônia.
3. De 1740 a 1748, a Guerra da Sucessão da Áustria, em que França, Saxônia, Baviera e Prússia se unem contra Maria Teresa, sustentada pela Inglaterra e pela Holanda. Apesar de suas vitórias – Fontenoy – a França, pela paz de Aix-la--Chapelle [Aachen], "trabalhou pelo rei da Prússia".
4. De 1756 a 1763, houve a Guerra dos Sete Anos. Com "a derrocada das Alianças", a França e a Áustria se aliam contra Inglaterra, Hanôver e Prússia. Em Rossbach, em 5 de novembro de 1757, os franceses, comandados por Soubise e pelos austríacos, foram completamente vencidos por Frederico II. O Tratado de Paris, de 10 de fevereiro de 1763, confirma a perda do primeiro Império colonial francês. A paz de Hubertusburgo (de 15 de fevereiro de 1763) confirma à Prússia a posse definitiva da Silésia. A guerra se estende à Saxônia e à Boêmia.

O SÉCULO DAS LUZES

O século XVIII, "o Grande Século", dizia Michelet, é o século das Luzes, que em alemão é traduzido como *Aufklaerung (Zeit)*. Se o Tratado de Utrecht, de 1713, pôs fim à tentativa de hegemonia francesa comandada pelo reinado de Luís XIV, podemos dizer que a Europa das Luzes foi uma Europa francesa: imitava-se Versalhes, copiava-se os modos de Paris, os pintores franceses e até a cozinha francesa. Apenas a música de certo modo escapou da influência francesa. Falava-se francês em todas as capitais; Frederico II exige que a Academia de Berlim redija suas memórias em francês. Mas não nos enganemos: a influência francesa chegava apenas a um pequeno número de pessoas: os soberanos e suas cortes, nada além do Sacro Império, e nele havia por volta de 350 (lembremo-nos de La Fontaine: "Todo pequeno príncipe possui embaixadores, todo marquês quer ter pajens")... a nobreza, os juristas, *"l'intelligentsia"*, ainda que a palavra date apenas do século XIX, de fato a "Sociedade", com um grande "S", mas ainda uma sociedade restrita.

Mas não foram apenas as artes e a língua que se disseminaram por toda a Europa: houve também o Espírito e as ideias francesas, em particular as dos que se deveriam nomear filósofos e enciclopedistas. Com a morte de Luís XIV, houve um formidável movimento, um verdadeiro levante contra o absolutismo político, intelectual e moral do reinado, "como uma onda que bate em uma urna cheia...".

Isso não quer dizer que o século XVII, o Século do Classicismo e do Conformismo, não conheceu espíritos livres: Descartes e o calvinista Bayle foram exilados na Holanda para escrever suas principais obras. Houve os libertinos, que não se sujeitavam nem às crenças nem às práticas da religião. Mas no século XVIII, com os enciclopedistas, houve o triunfo da Razão, a Razão que deve ser o juiz supremo de todas as crenças humanas. Essa crença na razão, na evidência, na demonstração, na eficácia da luz natural se opõe a toda forma de irracionalismo, misticismo, esoterismo, filosofia do sentimento e, sobretudo, a toda forma de autoridade tradicional, em particular religiosa.

DEÍSMO

Por exemplo, diante do grande problema da existência de Deus, Voltaire declarava que não podia conceber "que esse relógio funcione e não tenha um relojoeiro". Deus é o grande relojoeiro, o grande coordenador do Universo, do qual Newton tornou as leis conhecidas. Esse Deus evoca o Tao dos chineses. Mas ele nunca fez sua vontade ser conhecida pelos homens, o que não o preocupa. Tal concepção da divindade corresponde ao Deísmo, e os deístas não aceitam nem os dogmas nem as práticas de uma religião determinada e, sobretudo, revelada.

AGNOSTICISMO

Outro ponto de vista, por exemplo, sobre a alma e sua imortalidade, que não nega sua existência, mas que também não a afirma nem a ignora. O conhecimento humano não nega que uma causa seja a origem do mundo, mas ele é em essência incapaz de retomar as causas primeiras... "O reino das causas primeiras nos é impenetrável. A alma é imortal? Não há nada a responder, nada a negar, nada a afirmar." Será essa a posição de Augusto Comte, no século seguinte. O pai do Positivismo era um agnóstico.

ATEÍSMO

Um passo a mais e, para alguns, será fácil transpor essa ordem de realidade incognoscível que por natureza não existe. Deus é incognoscível pela razão humana, portanto não existe. Tudo termina com a morte, só o que seja matéria, suscetível de obedecer a leis, e que se exprima em uma fórmula matemática... existe. É o Monismo materialista de Diderot, de Holbach, de Helvetius, de La Mettrie.

Esse espírito das Luzes ganha várias cortes na Europa e inspira a política dos soberanos, dentre os quais citaremos: em Berlim, o grande Frederico, admirador de Voltaire; em São Petersburgo, a grande Catarina, amiga dos enciclopedistas, em particular de Diderot; em Viena, o filho de Maria Teresa, José II, imbuído de "filosofismo", que compartilhava a confiança perdida de seu século na Razão.

Quanto a Paris, o que dizer de Luís XV, do Bem-Amado, que não foi mencionado? Cético, ele era um tanto quanto lascivo, e Madame de Pompadour, Cotillon II, como dizia Frederico, protegia os enciclopedistas.

A Grã-Bretanha, potência europeia e depois mundial, vê o desenvolvimento da indústria e do maquinismo e, ao mesmo tempo, do capitalismo. "Toda essa época foi amarga, impiedosa, cínica, mas ao mesmo tempo brilhante e de modos livres" (G. Mourre). Nas cortes e na alta nobreza, esse espírito ganha a burguesia de vestido e negócios, e se difunde rapidamente em todas as classes cultas. Esse quadro do Século das Luzes rapidamente esboçado, exato em alguns pontos, é o único que era oficialmente ensinado pela escola primária com o ensino médio incluso, quadro exato, mas incompleto. De um lado, dissemos, ele concerne a um pequeno número de pessoas, "a Sociedade", e de outro, muitas pessoas permaneceram crentes. Ponto por ponto, podemos opor: aos deístas, os teístas; aos agnósticos, os teósofos; aos ateus, os místicos.

O TEÍSMO

É fácil de definir o Teísmo: é a crença em um Deus pessoal e em sua vontade revelada. Deus se revelou a Adão, a Noé, a Moisés na sarça ardente. No Sinai, Ele lhe deu as Tábuas da Lei: é a base do Monoteísmo judeu. Quanto ao Monoteísmo muçulmano, é o arcanjo Gabriel que revelou o Corão ao Profeta do Islã, o Enviado de Alá, Maomé.

Na Europa Ocidental do século XVIII, há certamente judeus mais ou menos confinados nos guetos, mas não há muçulmanos. A maioria é cristã; à antiga Lei, a de Moisés, sucede a nova, a de Jesus, revelada nos Evangelhos, um único Deus em três pessoas, que, nos diz o Evangelho de São João, é feito de carne e habita entre nós. Infelizmente, "o vestido sem costura" do Grande Reparador foi rasgado desde o Renascimento: católicos de um lado e reformados de outro se enfrentaram em combates sangrentos.

Outrora, no tempo dos Soberanos de Direito Divino, confessava-se uma doutrina que hoje nos parece bem intolerante: "Um Deus, um Rei, uma Fé, uma Lei". "O sonho de uma restauração integral da unidade religiosa devia inspirar a Luís XIV a revogação do Édito de Nantes" (G. Mourre). No século XVII, a vida religiosa na França foi conturbada por um movimento introduzido pelo abade de Saint-Cyran, o Jansenismo. Essa doutrina pode-se resumir assim:

- o homem é corrompido pelo pecado original;
- Deus concede sua graça a alguns por pura misericórdia;
- enquanto que ele abandona os outros por pura justiça.

Os papas condenavam as obras de Jansen, e os jesuítas combatiam essa nova doutrina. Mas os religiosos de Port-Royal, dos quais Saint-Cyran era o confessor, uniram-se a ela. Com a morte do abade, à saída do forte de Vincennes, onde Richelieu o havia feito prisioneiro, foram os irmãos Arnaud, de quem a irmã era a superiora do mosteiro de Port-Royal, que estiveram à frente do movimento. Pascal pôs sua pena a serviço deles... Os *provinciais* ridicularizaram os jesuítas pela moral julgada frouxa e contribuíram para a difusão do Jansenismo em todas as classes abastadas. Por mais que Luís XIV tenha dispersado os religiosos e tombado as muralhas da abadia de Port-Royal em 1710, o movimento persiste e se politiza. Os Parlamentos, tendo sido conquistados pelo Jansenismo, foram adversários permanentes do absolutismo real.

TEÓSOFOS E TEOSOFIA

Aos agnóticos se opõem os teósofos. O mais ilustre dentre eles, Jacob Boehme, sapateiro em Görlitz, à margem esquerda do Neisse, no distrito de Dresden, viveu de 1575 a 1624. Familiar das obras de Joaquim de Fiore, de Paracelso e do mestre Eckart, ele escreve "como por uma revelação divina" numerosas obras e, no ano de sua morte: *Der Weg zu Christo*, o caminho em direção a Cristo. Sua obra só deveria ser publicada em 1682. É errado, então, considerá-lo como um homem do século XVII; foi um dos últimos grandes espíritos do Renascimento. Louis-Claude de Saint-Martin, antigo secretário de Martines de Pasqually, amigo e confidente de J.-B. Willermoz, traduziu suas obras em francês. É difícil resumir em poucas linhas o "sistema" de Jacob Boehme.

Na Inglaterra, o médico Robert Fludd se apaixona pela Cabala e escreve uma *Philosophia Mosaica*. Se citarmos seus precursores, e de fato havia muitos outros, é porque eles terão numerosos discípulos no século XVII, século do Classicismo por excelência, e no século XVIII, entre homens que procuram "A Ciência de Deus" ou "A Luz que vem do alto". Joseph de Maistre (Eques Josephus a Floribus) escreverá sobre o assunto: "Todos estes homens, pouco satisfeitos com os dogmas nacionais e de culto recebido, entregam-se a pesquisas mais ou menos ardilosas sobre o Cristianismo que eles chamam de primitivo".

Em geral, a associação secreta caracteriza esses homens. Eles procuram pela iniciação desvendar esse "Eu interior", essa "faísca divina" que habita o homem e que eles afirmam ser uma "presença misteriosa e escondida". Marie-Madeleine Davy, *Le Desert Intérieur*, p. 131: "Um único banquete existe ao qual todos os homens são convidados, independentemente de sua origem e de suas opiniões. Uma deidade única preside esse festim... Uns querem nomeá-la e compreender quem ela é; outros, mais sábios, preferem sabê-la pela experiência e jamais tentam balbuciar seu nome".

O que é essa deidade na Maçonaria?

1. Na Grã-Bretanha, com a publicação em 1738 das Segundas Constituições de Anderson, assiste-se à passagem "de uma Maçonaria Cristã a uma Maçonaria Teísta", como expôs o pastor Michel Viot no Colóquio de Villard de Honnecourt, em maio de 1987. Isso irá provocar a reação que se materializará por meio da criação, em 1751, da Grande Loja dos Antigos e pelo advento de *Ahiman Rezon*, de Lawrence Dermott. Mas essa queda do Cristianismo abria a porta do Templo "a todos os homens sem distinção de religião ou de confissão, desde que eles sejam verdadeiros noaquitas, ou seja, que corroborem com os três artigos de Noé: reconhecimento do Deus único, recusa da imortalidade e recusa do sangue derramado."

2. Na França, se alguém se refere a um autor profano, Pierre Chevalier, autor de uma *Histoire de la Franc-Maçonnerie en France*, a Franco-Maçonaria era não apenas cristã, mais exatamente católica, mas tinha tendências jansenistas: "Pode-se pensar", escreve, na página 67 do tomo I, que "a média e pequena burguesia pôde-se

sentir atraída pela Maçonaria, à medida que ela era animada por simpatias pelo Jansenismo...". "Graças ao processo verbal detalhado do comissário D., temos a prova de que as características dessa Loja (a do hotel de Soissons) configuravam-se em uma atmosfera religiosa (...) Sua atmosfera é a de uma confraria religiosa (...)" e mais adiante lê-se "na Província oriental, os membros das confrarias dos Penitentes entraram em multidões nas Lojas".

Quanto às duas obras de Paul Naudon, *La Franc-Maçonnerie Chrétienne* e *Les Loges de Saint Jean*, seria necessário citá-las integralmente e não saberíamos recomendar sua leitura. Então, teísta com as Constituições de Anderson, de 1738, cristã com a reação da Grande Loja dos Antigos, a Franco-Maçonaria na França permanece católica e teria até mesmo simpatias com o Jansenismo. Estamos, portanto, distantes do Espírito das Luzes.

Mas isso não é tudo, certamente podemos objetar que numerosas Lojas partilham o Espírito das Luzes, e muitos foram os maçons simbólicos que se fizeram "os mensageiros da igualdade, os apóstolos da fraternidade, no âmbito dessa religião comum a todos, tendo horror ao fanatismo e à tirania" (P. Chevalier, *op. cit.*, tomo I, p. 214). Na capital do Sacro Império, em Viena, teria sido do mesmo modo se se acreditasse no que está escrito em um pequeno opúsculo vendido no Castelo de Rosenau, que se encontra na Baixa Áustria, não distante da fronteira tcheca. Lá se encontrava, no século XVIII, um museu da Franco-Maçonaria na Áustria. O âmbito e as instalações em que trabalhava nessa época uma Loja eram magníficos. Quanto ao pequeno livro que citamos, seu título pode ser traduzido assim: *As Lojas Maçônicas na Áustria no Século XVIII. Humanidade e Tolerância.*

De acordo com o Grão-Mestre da Grande Loja da Áustria, Alexandre Geiss, a Franco-Maçonaria austríaca do século XVIII tinha "a Democracia como princípio". Na "Esperança Coroada" se encontravam os membros da alta nobreza, enquanto que, na "Verdadeira Concórdia", sábios, escritores, artistas, entre os quais W. A. Mozart, agrupavam-se e todos colaboravam para a obra do absolutismo esclarecido de José II, tendo eliminado das Lojas "as místicas exaltadas, rosa-cruzes, alquimistas e amantes da Cabala, que haviam encontrado refúgio nos mais sombrios recantos das Lojas" *(sic)*. Deixando aos autores a responsabilidade de suas afirmações, podemos admitir a existência na França, como no Sacro Império, de uma Maçonaria Simbólica impregnada do espírito do século.

3. Tendo sido admitida a existência dessa Maçonaria Racionalista, não por menos, segundo a expressão de P. Chevalier, houve uma "irrupção do misticismo e do ocultismo na Maçonaria Simbólica". Alice Joly intitula sua biografia de J.-B. Willermoz *Un Mystique Lyonais et les Secrets de la Franc-Maçonnerie*, e René Le Forestier consagra dois volumes, 1.116 páginas ao todo, a *La Franc-Maçonnerie Templière et Occultiste aux XVIII et XIX Siècles*.

Deixemos de lado, por enquanto, o termo "ocultista", sobre o qual René Guénon deixou uma leve reserva (*Études sur la Franc-Maçonnerie et le Compagnonnage, Un Nouveau Livre sur l'Ordre des Elus Coëns*, p. 37). O termo Místico é justificado? E o termo Misticismo? Mais do que defini-lo, é mais fácil citar alguns místicos: São Bernardo de Claraval e Santa Hildegarda de Bingen, e um século mais tarde Marguerite Porete, cujo livro *Le Miroir des Âmes Simples et Anéanties* a fez ser queimada viva alguns anos antes de Jacques de Molay, sob o mesmo reinado de Felipe, o Belo; São João da Cruz e Santa Teresa d'Ávila; a quietista sra. Guyon, presa durante cinco anos sob a ordem de Luís XIV, talvez qualificada como mística. Fénelon foi seu confidente; ele foi quem converteu Ramsay ao Catolicismo. Daí podemos qualificar Ramsay como místico, a quem se atribui a ideia dos Altos Graus Cavaleirescos, por causa do parágrafo do famoso discurso que começa assim: "Nossos ancestrais, os Cruzados..."? René Guénon, no capítulo de suas "Ideias Gerais sobre a Iniciação" mostra as incompatibilidades entre o misticismo, "que põe em relevo exclusivamente o domínio religioso, ou seja, exotérico", e a via iniciática (p. 15, à qual retornaremos). O místico busca a união direta com Deus, sem intermediários. Ele não necessita da Iniciação nem de ser ligado a uma corrente tradicional.

Os termos "esotérico" e "esoterismo" parecem mais exatos, quando concernem aos Homens de Desejo em sua Procura pelo Absoluto. Alguns escolheram o estudo da Alquimia e seu simbolismo para alcançá-lo: dom Pernety, beneditino em ruptura de claustro, mais tarde mais ou menos impregnado pelos escritos do visionário sueco Swedenborg, funda os "Iluminados de Avignon". Outros, dentre os quais J.-B. Willermoz, serão iniciados na Ordem dos Eleitos Cohens, de Martinez de Pasqually, aliando a uma concepção gnóstica "ligações entre Deus, o Homem e o Universo" das práticas teúrgicas.

Mas essas duas vias de realização espiritual têm seu risco: a boa-fé de alguns maçons, que não terão a firmeza de J.-B. Willermoz diante de Cagliostro, será às vezes surpreendida, abusada por trapaceiros ou outros cavaleiros de ofício: pensamos naquele que na Alemanha se fazia chamar por Johnson, no dono de cabaré Schrepfer ou no barão Von Gugomos.

A LENDA TEMPLÁRIA
KARL GOTTHELF VON HUND
E A ESTRITA OBSERVÂNCIA

A LENDA TEMPLÁRIA

À ocasião do Colóquio de Villard de Honnecourt, de 1987, Jacques Fabry, em uma conferência intitulada *Mystique Chrétienne et Stricte Observance Templière*, afirma: "A Lenda Templária vem da Alemanha". Depois, em grandes traços, esboça o destino da Estrita Observância Templária (E.O.T.), a oposição entre a Maçonaria Retificada de Hund e o Capítulo de Clermont de Johnson, os Conventos da E.O.T. que encontraremos no quadro exterior ao texto, faz um desvio em Lyon, as relações entre J.-B. Willermoz e Von Hund, o Convento das Gálias, de 1778, e termina pelo Convento de Wilhelmsbad, que viu o fim da E.O.T. e o nascimento do R.E.R.

Há mais ou menos 20 anos, a história dos Templários nos encanta, à minha mulher e a mim, ainda que não sejamos nem especialistas da história nem cartistas ou bibliotecários; tínhamos à nossa disposição apenas obras destinadas ao grande público. Entretanto, chegamos à seguinte conclusão:

1. Dentre 15 mil Templários, no início do século XIV, havia por volta de 2 mil na França, segundo G. Mourre. Alguns puderam escapar do saque gigantesco de 13 de setembro de 1307, das torturas e do processo iníquo que se seguiram.
2. Na maioria dos países da Europa, apesar das incitações de Felipe, o Belo, os soberanos não se tornaram cúmplices do rei da França. Assim foi em Portugal, Espanha, no Sacro Império, na Escócia. Em seu livro sobre *Les origines...*, página 119, Paul Naudon escreve: "que mesmo em Bruges, onde os Templários tinham um comando importante, a guilda acolhia, como muitos outros na Bélgica, os Templários refugiados". Ele acrescenta: "A lenda vai mais longe do que esses dados históricos. Robert Bruce teria fundado em 1314, em favor dos franco-maçons, a Ordem de Heredom de Kilwining (...) As antigas crônicas dizem também que os Templários, refugiados na Escócia, se envolveram sob a bandeira de Robert Bruce. A lenda acrescenta que o rei Robert os recompensa ao criar, sob a ordem deles, a Ordem dos Cavaleiros de Santo André do Cardo, da qual reserva o título a si de Grão-Mestre, tanto para ele quanto para seus sucessores. As iniciações ali se davam de acordo com o modo que havia sido praticado pelos Templários. À época da Reforma, a Ordem foi abolida e seus bens confiscados. Em 1685, o rei Jaime II Stuart a restabelece".

Le Forestier, página 107: "Begemann (em *Tempelherren und Freimaurer*) nota, além disso, que tinha havido Templários na Escócia até 1563, ano em que eles haviam se unido aos Cavaleiros de São João de Jerusalém, cujo Grão-Mestre os representava oficialmente. Essa longa sobrevivência da Ordem do Templo (...) merecia ser lembrada".

Na maioria dos países da Europa, quando a Ordem do Templo foi dissolvida pela bula de Clemente V, *Vox in Excelsis*, seus membros se beneficiaram de uma mansidão que era um alívio para Felipe, o Belo. Foi assim que na Espanha eles ganharam "em massa a Ordem de Calatrava, de origem cisterciense, e que era o mais próximo deles". Em Portugal, a Ordem do Templo foi simplesmente transformada em "Ordem de Cristo". "Viu-se, na Alemanha, justificarem-se à maneira dos francos juízes westfalienses. Armados com espada, lança e escudo, o rosto emoldurado de ferro, que eles compareceram diante dos bispos de Mainz [Mogúncia] e Trier [Tréveris], intimidados. Depois de terem protestado veementemente sua inocência, eles viraram as costas com desdém a seus juízes e se foram como haviam chegado, sem se inquietar" (John Charpentier, *L'Ordre des Templiers*, p. 143). Quanto à cavalaria germânica, segundo Laurence Dailley (p. 213), em seu livro *Les Chevaliers Teutoniques*, "ela é a mais desconhecida, mas é a base do grande impulso místico, iluminado, que se manifestará no Renascimento. Ela não estaria à origem de algumas concepções maçônicas, não no que concerne à hierarquia, mas por sua essência e seu ritual?".

No século XVIII, os Cavaleiros Teutônicos, se não mais guerreavam contra a Infiel nas marchas orientais do Império (e ainda?), estavam do mesmo modo fortalecidos. Houve uma ligação entre os Teutônicos e os Irmãos Livônios da Espada de um lado, e a Estrita Observância Templária de outro? Não é possível responder a essa questão; os historiadores provam uma discrição sobre esse assunto não encontrada em outro lugar. Qualquer que seja a resposta, parece pouco provável que o *Reichsfreiherr* (barão do Império) Karl Gotthelf von Hund und Altengrottkau, senhor hereditário de Lipse, camareiro-mor aos 20 anos do eleitor de Colônia, aos 31 anos do eleitor da Saxônia, rei da Polônia, aos 38 anos conselheiro íntimo a serviço de Augusto III da Polônia, aos 47 anos conselheiro de Estado da imperatriz e conselheiro íntimo do imperador, ignorasse a Ordem dos Teutônicos e dos Irmãos Livônios da Espada, ele que em último caso é considerado o fundador oficial da "Maçonaria Retificada de Dresden", também chamada "Estrita Observância Templária".

Karl von Hund nasceu em 1722. Órfão aos 9 anos, sua mãe o envia à Universidade de Leipzig para estudar. Foi iniciado em Frankfurt aos 19 anos: Frankfurt (Oder) provavelmente. De dezembro de 1742 a setembro de 1743, ele se instala em Paris, onde visita as Lojas, preside uma reunião e se converte ao Catolicismo (?). No retorno, permanece 15 dias em Estrasburgo, e lá assiste a cinco assembleias; eis seu interesse pela Franco-Maçonaria.

Discute-se a possibilidade de ele ter feito uma viagem à Inglaterra, ou se foi em Paris que teria sido recebido em um Capítulo Templário, na presença do lorde Kilmarnock por um misterioso Cavaleiro de pluma vermelha, *Eques a Penna Rubra*; ele possui a íntima convicção de que é o Pretendente Stuart, Charles Edward, e que ele teria recebido de superiores desconhecidos a missão de reformar, de retificar a Franco-Maçonaria. Por volta de seis anos após seu retorno "à sua distante Lusácia", ele se associa a Wilhelm Marschall von Biberstein, Grão-Mestre Provincial inglês, fundador da Loja de Altenburgo ("Archimède aux Trois Planches à Tracer"), e da de Naumburg Saale ("les Trois Marteaux"), sobre a qual ele escreve um Capítulo de Altos Graus. De seu lado, Hund funda em sua terra de Unwürde, a Loja "Aux Trois Colonnes", com um Capítulo de Droisig. Eles fundiram em uma Ordem Interior e introduziram em seus rituais, cito Jacques Fabry (Colóquio V.d.H. 1987, TNº 15 dos Cadernos, p. 70), uma dupla lenda:

1. A Maçonaria Retificada descende diretamente da Ordem dos Templários: é a lenda chamada templária.
2. A Maçonaria Escocesa é a obra dos Stuart destronados, é a lenda chamada jacobita, à qual se destinam as declarações do próprio pretendente a Von Waechter, enviado em missão à Itália, para lá verificar o bem fundado.

A ESTRITA OBSERVÂNCIA TEMPLÁRIA

Hund permanece solteiro, e sua vida, até sua morte aos 54 anos, em 28 de outubro de 1776, logo após o Convento de Wiesbaden, foi inicialmente misturada à da E.O.T., e essa história está longe de ser simples. Le Forestier escreve, na página 117 do tomo I de *La Franc-Maçonnerie Occultiste et Templière*: "O prestígio do qual a

Maçonaria Retificada desfrutou durante longos anos diante dos maçons alemães em parte se explica pela destreza com a qual souberam concentrar alguns graus, ligados por uma lenda sensatamente escolhida, todos os temas maçônicos importantes".

"Ela deve seu sucesso a causas adventícias: ao seu caráter fundamentalmente aristocrático reforçado pela pompa das cerimônias, à exata disciplina e ao tom de boa companhia que reinaram em suas assembleias, à satisfação que ela dava ao sentimento nacional, e, sobretudo, às vantagens materiais que ela se esforçava em fornecer a seus membros." Essas "vantagens materiais" são "a flecha do Parthe" que o autor lança à E.O.T. e a seus membros. Outra questão se coloca com relação à patente que Karl von Hund havia criado desde o Convento de Altenberg, em 1764, para apoiar a legitimidade de sua missão. Esta foi contestada nos Conventos de Kohlo, em 1772, e de Brunswick, em 1775, pois ninguém havia conseguido decifrar esse documento. Le Forestier escreve na nota 18, página 192: "Abafi (em *Geschichte der Freimaurerei im Oesterreichungarn*) assegura que o texto dessa patente se encontra nos arquivos maçônicos de Degh, na Hungria, com clara tradução; os Irmãos húngaros teriam sido mais hábeis que os maçons alemães; é muito mais lamentável que Abafi não tenha acreditado que deveria reproduzir uma versão inteligível desse misterioso diploma".

No *Dictionnaire,* de Ligou, no que se refere ao artigo Hund, assinado com as iniciais R. A., Robert Amadou, pode-se dizer: "A patente de 1742 – ou por volta desse tempo – possuía um sentido, já que afinal a decifraram, segundo H. S.". Mas quem é H. S.? Logo, continuamos na curiosidade. Quanto às concepções filosóficas de Hund e da maioria dos maçons retificados, duas observações se impõem:

1. Certamente muitos se interessavam pela Alquimia.
2. Membros dos "Iluminados de Baviera", de Weishaupt, tentaram se infiltrar na E.O.T. Encontrá-los-emos no Convento de Wilhelmsbad, mas no conjunto eles eram cristãos, católicos ou protestantes. Starck foi taxado de Criptocatolicismo, senão de Jesuitismo... pois há também uma lenda jesuítica.

Resta-nos estudar como e por que J.-B. Willermoz entra em contato com Hund, como no Convento das Gálias nasce "A Reforma de Lyon" e, enfim, como esta triunfa no Convento de Wilhelmsbad ao criar o Regime Escocês Retificado, ou como a Luz veio do Ocidente: *Ex Occidente... Lux!*

- 1742-1743: Karl von Hund em Paris.
- 1754: Loja de Unwürde.
- 1756-1773: Guerra dos Sete Anos.
- 1757-1759: O marquês de Lernay, Rosa e Von Prinzen fundam o Capítulo de Clermont, sediado em "Les Trois Globes", de Berlim. Lernay volta à França; Rosa é deposto por Johnson.
- 1764: Mai Altenberg. Impostura de Johnson. Sua fuga e prisão em Wartburg; ligação dos Membros do Capítulo de Clermont com a E.O.T. Hund cria sua patente.

Retificação da M. L. em "Les Trois Globes".

- 1767: Contato com Starck, fundador dos "Clérigos do Templo". Zinnendorf, *Eques a Lapide Nigra*, é excluído da E.O.T.: ele introduz na Alemanha o Rito Sueco e funda a Respeitável Grande Loja Nacional dos Franco-Maçons da Alemanha. A Loja Retificada dos "Les Trois Globes" se torna a Grande Loja-Mãe Nacional dos Estados da Prússia.
- 1772: de 4 a 24 de junho: Kohlo: Hund posto em questão. F. von Brunswick torna-se "Magnus Superior Ordinis" e Grão-Mestre de todas as Lojas. União com os Clérigos de Starck.

J.-B. Willermoz escreve a Hund.

Respostas de Hund e de Weiler ("La Candeur" e os "F. du Secret", de Estrasburgo).

- 1773: Berlim: fracasso das conversações em vista de uma aliança entre a E.O.T. e o Rito Sueco de Zinnendorf.
- 1774: Weiler em Lyon: inauguração do Grande Capítulo da 2ª Província chamada Auvergne, em 25 de julho.

Fundação da "Bienfaisance".

- 1175, de 26 de maio a 6 de julho: Brunswick. Morte de Johnson.

Conflito entre Clérigos e Cavaleiros. A "legitimidade" de Hund é posta novamente em questão.

- 1776 na França: Tratado de união entre G.O. e os Três Diretórios Escoceses.
Na Alemanha: Wiesbaden de 15 de agosto a 4 de setembro.
- 1776: Impostura de Gugomos, em 28 de outubro. Morte de Karl von Hund aos 54 anos.
- 1777: fevereiro em Meiningen: Designação de um Grão-Mestre para a 8ª Província. Missão de Waechter na Itália.
- 1778: de 15 de junho a 27 de agosto, em Wolfenbütel: Eleição do duque da Sudermânia diante de landgrave Ludwig de Hesse--Darmstadt. Em Lyon, de 23 de novembro a 10 de dezembro, o Convento das Gálias.
- 1782: de 15 de julho a 1º de setembro: Wilhelmsbad.

SEGUNDA PARTE

JEAN-BAPTISTE WILLERMOZ
10 de julho de 1730 – 29 de maio de 1824

PRIMEIRO PERÍODO – 1750-1767: DA INICIAÇÃO MAÇÔNICA À INICIAÇÃO "COHEN"

Por que aos 20 anos, no século XVIII, é-se recebido na Ordem Maçônica? Nenhum autor profano respondeu a essa questão, se fizermos alusão ao segredo maçônico e ao fato de que sobre as colônias os maçons do Terceiro Estado podiam ter uma relação fraterna, em um plano de igualdade, com grandes senhores, ou ao menos com os aristocratas. Apenas o autor do artigo consagrado a J.-B. Willermoz, no *Dictionnaire,* de Ligou, e assinado com as iniciais J.-B. (Jean Baylot?), dá uma explicação diferente: "Por tradição familiar e convicção íntima, Willermoz era bastante religioso. A família contava com 13 crianças, das quais uma se tornou padre. Jean-Baptiste era o mais velho. Sua atitude de adquirir precocemente os títulos, sempre disputados pela conquista comercial, não é menos notável que o ardor dos sentimentos religiosos que exigem uma apreensão em profundidade de uma fé compreendida e inteiramente descoberta em seus imperativos e seus resultados. A busca obstinada da realidade religiosa o conduz à procura pelo ocultismo. Ela encontra Willermoz guiado, muito jovem, em direção às Lojas maçônicas, lugar eleito para tais aprofundamentos".

Ele não nos diz o nome da Loja pela qual foi iniciado. Em 1752, ele substitui seu Venerável Mestre, que deixa Lyon. Em 1753, ele funda "La Parfaite Amitié", da qual é presidente no dia de São João de 1753. Em 1760, com o acordo do conde de Clermont, Grão-Mestre da França, dá-se a criação da Grande Loja dos Mestres Regulares de Lyon, que vai federar quase todas as Lojas lionesas.

A essa época, na metade do século XVIII, em qual ritual trabalhavam essas Oficinas do Vale do Ródano? Gilles Pasquier responde no Caderno nº 16 dos Trabalhos de Villard de Honnecourt. Ele nos dá um resumo do ritual de iniciação: o das Lojas-Mães Escocesas, no artigo intitulado *La Triple Origine du R.E.R*. Para o Rito Escocês como para o Rito Francês, os dois Vigilantes estão no Ocidente, os Aprendizes na Coluna J, os Companheiros na Coluna B, a palavra do 1º Grau é "T..." e a do 2º é "S...". Eles diferem no Rito Escocês pela posição dos castiçais: sudeste, sudoeste, noroeste, no Rito Francês: nordeste, sudeste, sudoeste. Aí está a primeira origem do R.E.R.

Estamos em Lyon, "a antiga Lugdunum, o santuário do deus Lug, no ponto de encontro das rotas vindas das Gálias, dos mundos germânicos e romanos, na confluência entre Saône e Ródano, rio real, caminho que leva ao Mediterrâneo, e por meio deste, ao Oriente".

J.-B. Willermoz vai descobrir, depois da fundação da Grande Loja, o problema dos Altos Graus. Em 1761, ele troca cartas com Meunier de Précourt, Grande Venerável e Grão-Mestre do Capítulo de Altos Graus intitulado "Grande Oriente de Metz". Ele recebe a revelação do Grau de Kadosch "e pretensões de vingar ou ao menos reparar as violências exercidas contra a Ordem do Templo". Eis, portanto, uma das primeiras manifestações da lenda templária.

Em 1763, J.-B. Willermoz com seu irmão Pierre-Jacques vai fundar "o Capítulo dos Cavaleiros da Águia Negra", no qual entraram Irmãos maçons vindos da "Parfaite Amitié", da "Amitié", da "Sagesse" e de três Lojas fundadas de 1760 a 1762, "les Vrais Amis", "les Amis Choisis" e "le Parfait Silence". Nesse círculo restrito, os Irmãos estudam os catecismos, rituais e as instruções de Graus determinados. J.-B. Willermoz exclui desse estudo os Graus ditos "de vingança", entre os quais o de Kadosch, que lhe inspiram uma verdadeira repulsão (Le Forestier, p. 282). Para Le Forestier, a leitura dos Cadernos dos Três Graus Secretos que o Capítulo praticava – "Cavaleiro da Águia Negra" ou Aprendiz, "Comandante da Águia Negra" ou Companheiro, "Grão-Mestre da Águia Negra Rosa-Cruz" ou Bailio –, leva a constatar que se tem relações com alquimistas, ao menos aspirantes, que se esforçavam para descobrir o segredo da transmutação nos documentos maçônicos que eles dissecavam com muito zelo.

A Alquimia do século XVIII goza ainda de um amplo registro e, se não parece que J.-B. Willermoz nunca tenha "respirado" de seus ares, ele mesmo havia fornecido fundos necessários às experiências espagíricas de seu irmão, Pierre-Jacques; "possuidor da ideia fixa de que o segredo maçônico desvelava conhecimentos preciosos", ele explora a pista alquímica, mas a abandona rapidamente, pois o que procurou durante toda a sua vida não foi a dominação do mundo físico, mas o conhecimento do Homem, meio-termo entre o Criador e a criação material, de seu destino e suas ligações com a causa primeira.

Não é exagerado dizer que J.-B. Willermoz tinha chegado ao ponto de estar em condição de receber a revelação de Martinez de Pasqually.

O que resta nos rituais do R.E.R. dessa incursão ao Reino da Alquimia? As provas pelos Elementos, às quais o Recipiendário era submetido durante suas três viagens simbólicas, após sua recepção. Há apenas três elementos no lugar dos quatro habituais, como há apenas três princípios fundamentais:

- o Enxofre, que corresponde ao Fogo;
- o Sal, que corresponde à Água;
- o Mercúrio, que corresponde à Terra.

Não pode haver mais, porque a lei ternária e sagrada, que preside sua criação, imprime neles seu próprio número, para ser o selo indelével de seu poder e de sua vontade. O ar que alguns colocaram entre os elementos não é um. Ele é a eles infinitamente superior por sua natureza. É ele que por uma salutar reação conserva a vida a todo ser vivo, vegetal ou animal, como ele acelera a dissolução dos que estão privados de seu princípio vital. Enfim, o que for que penetre em qualquer corpo, ele não se mistura com os elementos dos quais eles são compostos e não constitui a forma desses corpos. (Le Forestier, *La F. M. Templière et Occultiste*. Apêndice, p. 1.021. Instrução Secreta dos Grandes Professos, publicado por Antoine Faivre.)

SEGUNDO PERÍODO – 1767-1773: DA RECEPÇÃO COHEN À CORRESPONDÊNCIA COM KARL VON HUND

Como todo ano, ao fim da primavera de 1767, J.-B. Willermoz permanece em Paris para tratar de seus negócios e visitar os Irmãos que lá conhecia. Foi assim que o tenente-coronel Bacon de la Chevalerie, desde 1766 deputado da Grande Loja dos Mestres Regulares lioneses junto ao G.O., tratou-o de Dom Martinez de Pasqually de la Tour, fundador da "Ordem dos Cavaleiros Maçons Cohens do Universo". J.-B. Willermoz apresentou-o a seu irmão, Pierre-Jacques, do qual se possui a resposta na data de 22 de maio de 1767: ele provava de uma prudente reserva. O que não impediu Jean-Baptiste de ser recebido um tempo depois por Martinez de Pasqually em pessoa, no templo que o "Tribunal Soberano dos Eleitos Cohens" acabara de instalar em Versalhes. Dessa recepção, J.-B. Willermoz iria guardar uma lembrança imperecível, já que em agosto de 1821 ele a narrava em uma carta a Türckheim.

Quem foi Martinez de Pasqually?
Qual doutrina ele professava?
O que era essa "Franco-Maçonaria dos Cavaleiros Maçons Eleitos Cohens do Universo"?

1. Martinez de Pasqually vem provavelmente de uma família de judeus espanhóis – falou-se de Alicante – convertidos ao Catolicismo. Nascido em Grenoble em 1710, em 1727, de acordo com Pierre Chevalier, foi batizado e professava o Catolicismo. René Guénon consagra a ele um artigo intitulado "L'énigme de Martinez de Pasqually", publicado nos *Études Traditionnelles,* em 1936, e reeditado no tomo I, p. 61 dos *Études sur la Franc-Maçonnerie et le Compagnonnage.*

Em 1754, ele funda em Montpellier "os Juízes da Escócia". Primeiro esboço de seu sistema, ele fracassa em Toulouse, em 1760, diante dos Irmãos dessa cidade, é melhor acolhido pelos da Loja "Josué", no Oriente de Foix, para onde ele atrai alguns oficiais do regimento colonial que lá tinham guarnição. Em Bordeaux, local de origem de sua mãe, ele inaugura sua verdadeira propaganda, casa-se em 1767, seu primeiro filho é batizado em 1768... Em 1767, como vimos, ele instala em Paris a instância suprema de sua Ordem, ou seja, "o Tribunal Soberano".

Ele permanece em Bordeaux a partir do mês de junho. Em 1768, conhece Louis-Claude de Saint-Martin, então em guarnição nessa cidade e que se tornaria seu secretário em 1771... e seu sucessor... depois de seu desaparecimento. A partir de julho de 1770, Martinez anuncia que trabalhará no *Traité de réintégration des êtres dans leurs premières propriétés, vertus et puissances spirituelles divines* [Tratado de reintegração dos seres em suas primeiras propriedades, verdades e poderes espirituais divinos]. Em 6 de maio de 1772, ele embarca para São Domingos [hoje Haiti] para "recolher uma herança" e morre em Porto Príncipe, em setembro de 1774. É mais ou menos o que temos por certo.

2. Quanto à sua doutrina, se de início faz pensar nos numerosos sistemas gnósticos que se desenvolveram durante os cinco primeiros séculos do Cristianismo, convém insistir no fato de que seu Catolicismo não é negável. Acusado de heresia por um certo Bonnichon, conhecido por Du Guers, ele se justifica diante das autoridades eclesiásticas e expulsa seu acusador pela polícia... Mas estamos no século XVIII; nos séculos XI ou XII, as coisas teriam certamente sido ruins para ele. Vamos tentar resumir essa teosofia!

Deus, fonte comum e indivisível dos seres, é Uno. É a unidade divina que preside originalmente todas as coisas. Os seres dela "emanados" preexistem inicialmente no seio da divindade "sem distinção de ação, de pensamento e de entendimentos particulares".

Desde que o criador emancipa o ser emanado, ele lhe dá uma vontade própria. De onde se explica a origem do mal: "Quando ele teria previsto a orgulhosa ambição dos maus espíritos, não podia de modo algum conter e parar seus pensamentos criminosos sem os privar de sua ação particular e inata, já que foram emanados para agir segundo sua vontade".

"Essa liberdade, condição de sua vida pessoal, permitiu a queda de alguns espíritos; ainda hoje, o homem que sugestiona igualmente os bons e os maus anjos pode rejeitar de acordo com seu juízo uns e outros... O Ser supremo, antes de emancipar Lúcifer, apresentou--se a ele como o Deus único que existe dele mesmo" e condiciona por essa confissão seu livre-arbítrio. Mas longe de manter suas promessas de adorá-lo, esse espírito infiel se encarrega ele mesmo de exercer o poder criador (M. de P.). Uma justiça rigorosa o esvaziou: Deus o preservou em sua misericórdia; fazendo "força de lei sobre sua imutabilidade ao criar este Universo físico" (M. de P.), lá ele o confina e seus cúmplices; *a emanação da matéria*, pura aparência, está ligada, então, à revolta original dos anjos maus.

O próprio homem foi emanado quando houve a catástrofe primeira. Deus o enviou, esse homem primordial, esse *Adam Kadmon* da Cabala, aos anjos caídos após sua prevaricação. O Homem, criatura de Deus como eles mesmos, mas tornado mais poderoso do que eles, havia recebido por missão reconciliá-los com Deus fazendo-os confessar voluntariamente seu erro, rezar para o homem, sua criatura eleita e querida, perdoá-los e levá-los à sua união eterna. Para abreviar, é "nesse remorso do ser perverso" que Adão tinha de trabalhar. Adão "era semelhante à divindade", tinha um corpo glorioso, ou seja, transparente e luminoso, incorruptível. Mas Satã, ao querer se passar por único Deus real, dá-lhe a ilusão de dois deuses iguais... (vemos despontar a heresia maniqueísta). Adão, seduzido, "repetiu o que os primeiros espíritos haviam feito", e, como eles, conseguiu apenas suscitar "uma forma tenebrosa de matéria". Eis a segunda queda, "a prevaricação" do homem. Precipitado em um corpo material, ele não se arrependeu, reconhecido o fruto de seu erro, ao qual a sexualidade se ligou a partir de então e seus arrependimentos lhe abriram a via da reabilitação. Grandes eleitos, como "Heli", Enoch, Noé e Melquisedeque, ajudaram-no até a chegada do Cristo, "O Grande Reparador", com o qual a lei do perdão tornou-se comum a todos os homens, na condição de ser descendente da raça de Seth e não da de Caim. Com efeito, a posteridade mística de Caim foi condenada a uma eterna "privação". Tal predestinação traduz uma contaminação jansenista, se pudermos empregar esse termo médico.

3. "A Ordem dos Eleitos Cohens do Universo" comportava sete graus, que formavam três etapas na iniciação, dizia J.-B. Willermoz. Os três primeiros, chamados "do Pórtico", "educavam a respeito da natureza divina, espiritual, humana e corporal"; os 4º, 5º e 6º Graus "ensinavam a teoria cerimonial preparatória à prática". Ao 7º e ao último ("Réau-Croix") Graus estava reservada a prática...

4. Essa prática era reservada aos que haviam recebido "a Ordenação Cohen". A palavra *cohen* foi adaptada do hebreu *cohanim*, que designava os membros da classe sacerdotal mais elevada, constituída em Jerusalém, para assegurar o serviço divino no Templo. "Os Cohanim se passavam por descendentes em linha direta de Aarão e tinham, por conseguinte, a posse das verdades secretas reveladas pelo Eterno a Moisés e comunicadas oralmente por este a seu irmão" (Le Forestier, tomo I, p. 295).

Qual era o objetivo dessa prática? Saber se se pertencia à linha de Seth ou se se podia afirmar à reconciliação, estágio preliminar e obrigatório à reintegração!

A devoção mais sincera, os exercícios mais assíduos de piedade, as preces mais fervorosas não eram suficientes para obter essa promessa de salvação. Era preciso merecer por meio de "trabalhos penosos do corpo e do espírito", procedendo em "operações", conjunto de atos ritualísticos que o "Desafiador", que havia recebido uma ordenação regular devia praticar em seus menores detalhes, dos quais encontraremos a exposição em Le Forestier e Alice Joly, não apenas para afastar os espíritos malignos, mas ainda para evocar com toda segurança os espíritos reconciliadores. Na realidade, essa prática é a magia cerimonial.

O resultado obtido chamava-se "passes", manifestações por natureza extremamente breves e fugitivas, "que revelavam a presença momentânea do espírito reconciliador no quarto de operações": carne de galinha, fracos ruídos, clarões, brilhos, etc...

J.-B. Willermoz, apesar de toda a sua boa vontade, nunca se beneficiou disso, o que permanece em favor de seu equilíbrio mental.

Para concluir sobre a influência do Martinezismo sobre os rituais do R.E.R., emprestemos estas linhas de Eques a Rosa Mystica: "O rito retém de Martinez, com efeito, uma seiva secreta, à ressonância judaico-cristã e fundo salomoniano, presente no encadeamento das máximas e dos quadros e que, na época de Willermoz, brotava visivelmente ao nível da 'Profissão', a de Cavaleiro Professo e Grande Professo" (*Eques a Rosa Mystica*, p. 31).

AS FONTES DE MARTINEZ DE PASQUALLY

Para a maioria dos autores, é preciso procurar na Cabala as fontes da inspiração e da prática de Martinez de Pasqually.

Isso não tem nada de impressionante, no caso de se admitir que ele é de origem marrana: quer dizer que ele descende de judeus convertidos ao Catolicismo, depois da onda de perseguições de 1391, mas que não mantinham menos em segredo as práticas do Judaísmo, tanto que é na Espanha, no século XIII, que vai se revelar essa gnose judaica, essa teosofia mística, que desde a revelação do Sinai, por meio de R. Akiba e R. Siméon bar Yochai, chega no século XIII a Moisés Ben Shem Tov, mais conhecido pelo nome de Moisés de Léon, e que é o verdadeiro compositor do *Zohar*, "o Livro do Esplendor".

Entretanto, poderia parecer que essa influência cabalística não é a que acabamos de citar, mas a da escola de Safed, pequena cidade da Alta Galileia, onde se concentravam os cabalistas, dentre os quais os mais célebres foram Joseph Caro, Moisés ben Jacob Cordovero e, sobretudo, o "santo", seu contemporâneo, Isaac Louria. Com efeito, depois da expulsão geral dos judeus por Isabel, a Católica, em 1492, a maioria deles encontrou refúgio em terras do Islã, de Rabat e Fez a Constantinopla, passando pela Palestina.

LOUIS-CLAUDE DE SAINT-MARTIN

Não poderíamos terminar o estudo do segundo período da vida de J.-B. Willermoz sem evocar Louis-Claude de Saint-Martin.

Nascido em Amboise, em 18 de janeiro de 1743, aluno no colégio de Pontlevoy (como mais tarde o swedenborguiano Honoré de Balzac), estudante de Direito, depois formado pela Faculdade de Paris, ele troca em 1765 a profissão de advogado pelas Forças Armadas.

Afetado pelo Regimento Foix de Infantaria, em guarnição em Bordeaux, "ele recebeu de uma única vez os três Graus Cohens, chamados do Pórtico, em 1765 ou em 1766". Ao fim de seis anos, em 1771, ele abandona a carreira das armas pelo posto benévolo de secretário particular de Martinez de Pasqually. É nessa qualidade que ele começa a trocar cartas com Jean-Baptiste Willermoz.

Este último, apesar de todos os títulos com que o Grande Soberano o havia gratificado: "Membro não residente do Tribunal Soberano", "Inspetor-Geral do Oriente de Lyon", "Grão-Mestre do Grande Templo da França", estava decepcionado; nenhuma de suas operações havia sido coroada com sucesso. O "Substituto Universal" Bacon de la Chevalerie o havia ordenado Aprendiz Réau-Croix, mas "essa sublime operação" foi julgada prematura, "fora do tempo", pelo "Grande Soberano"... Se ele havia sido autorizado a fundar em Lyon um "Grande Templo", não estava menos decepcionado e irritado pelas respostas dilatórias de Martinez.

Ao contrário, a influência de Saint-Martin sobre Jean-Baptiste Willermoz foi benéfica. Não apenas lhe enviou os cadernos de Grau, as instruções para as cerimônias, etc., mas ainda "tentava livrá-lo de um formalismo muito estreito", como escreveu Alice Joly, e elevá--lo a uma mais pura concepção da vida espiritual, lembrando-lhe de que "o espírito sopra para onde ele quiser, quando quiser, sem que saibamos de onde vem e nem para onde vai".

Enfim, Jean-Baptiste Willermoz "decide abrir seu Grande Templo, ou seja, colocar em prática na Loja Secreta que ele organizou os rituais dos Graus inferiores e receber nos Graus superiores os seguidores que lhe pareciam melhor dotados" (Le Forestier, p. 312). Mas "a história do Grande Templo de Lyon é pouquíssimo conhecida" *(idem)*. Não parece que ele tenha contado com muitos adeptos... O que quer que seja, Martinez, em 5 de maio de 1772, embarca para São Domingos. Desde sua partida, sua ordem, que, aliás, era discreta e parece ter carecido de estruturas administrativas sólidas, começa a se arruinar. É verdade que nessa época a lentidão das comunicações não facilitava uma direção a distância... E Louis-Claude de Saint-Martin deixa Tours por Lyon, em setembro de 1773. Ele ficará lá durante um ano, vivendo sob o abrigo de Willermoz, de quem a irmã, sra. Provensal, viúva com um filho, se ocupa.

Foi durante sua estadia em Lyon, na casa de Willermoz, que ele escreveu seu *Traité des Erreurs et de la Vérité*, publicado com o pseudônimo de Filósofo Desconhecido, pelo irmão Périsse Duluc, tipógrafo livreiro, na Rua Mercière... e que os Irmãos comentavam longamente. Mas Saint-Martin não fica aí: ele prepara um programa de instrução para os Cohens lioneses e inaugura, provavelmente no dia 7 de janeiro de 1774, a série das conferências de Lyon, que tinham por objetivo estudar e aprofundar as doutrinas de Martinez de Pasqually. Elas deviam se prolongar irregularmente até 1776.

Mais ou menos mal com Willermoz por causa da adesão deste à Estrita Observância Templária, Saint-Martin parte em outubro de 1774 para a Itália, "sob o pretexto de acompanhar o jovem Antoine Willermoz em sua viagem de negócios" (A. Joly, p. 57). De fato, os dois homens eram muito diferentes. O mal-estar foi apenas temporário. Com efeito, ele tinha sido ordenado Réau-Croix, em abril de 1772, por Martinez de Pasqually; associa-se em 1773 ao pedido que os Irmãos lioneses enviaram a Weiler, foi admitido a ser recebido na Estrita Observância, mas volta atrás... Entretanto, "em 1785, ele aceita ser iniciado na 'Bienfaisance', no Oriente de Lyon. Em 1790, ele pede para ser retirado dos registros maçônicos, em que desde muito tempo (desde sempre?) figurava apenas por nome" (R.A., *Dictionnaire,* de Ligou, p. 1.076). E em 1788, em Estrasburgo, ele vai descobrir as obras de Jacob Boehme, "o Filósofo Teutônico", portanto 14 anos após sua estadia em Lyon.

Qual foi a influência de Saint-Martin sobre J.-B.Willermoz, sobre seu pensamento e consequentemente sobre a gênese do R.E.R.?

Podemos avançar com as seguintes hipóteses:

- antes de seu encontro com Saint-Martin, Willermoz se liga às práticas teúrgicas dos Cohens. Diante de seus insucessos, ou seja, de ausência das manifestações sensoriais da "coisa", chamadas "passes", Willermoz pede instruções, precisões. Esquematizando, digamos que ele se mantém ao pé da letra;
- ao longo de suas conversas particulares com Saint-Martin, ao longo das conferências de Lyon, Willermoz vai até mesmo aperfeiçoar a doutrina "pasquallyniana".
  Mas, então, uma questão se coloca: esse é o pensamento exato de Martinez de Pasqually, de quem a expressão é das mais obscuras, não seria sobretudo Martinez de Pasqually "revisto e corrigido" por Louis-Claude de Saint-Martin?
- a favor dessa hipótese, temos o fato de que toda prática invocadora não possui rituais dos três primeiros graus do R.E.R.;
- se Martinez e Saint-Martin eram "judaico-cristãos" para tomar a expressão de Jean Tourniac, Martinez era muito mais judeu, impregnado pela Cabala e pelo Talmude, do que cristão, e Louis-Claude de Saint-Martin muito mais cristão do que judeu, e é a ele que, seguindo a expressão do *Eques Johannès a Rosa Mystica,* os rituais do R.E.R. devem "uma religiosidade cristã muito orante".

Para terminar esses pontos de doutrina, devemos assinalar o artigo de Gérard Reynaud, *Les Sources Chrétiennes du R.E.R.* (cadernos V. de H. nº 17, p. 273). O autor distingue entre a doutrina tipicamente gnóstica de Martinez de Pasqually e a "gnose cristã", da qual constata o parentesco com o R.E.R. "em sua notável coerência".

Essa questão havia sido longamente tratada por Jean Tourniac na segunda parte de sua obra *Principes et Problèmes Spirituels du Rite Écossais Rectifié et de sa Chevalerie Templière*, em particular no cap. X: "Verdadeira e falsa gnose. A escola de Alexandria" (Dervy Livres).

TERCEIRO PERÍODO – 1773-1774: DA CORRESPONDÊNCIA COM KARL VON HUND À RESTAURAÇÃO DA 2ª PROVÍNCIA CHAMADA "AUVERGNE"

"O número de templos Cohens quase não ultrapassa uma dúzia, divididos, é verdade, por toda a França", escreve R.A., no *Dictionnaire* de Ligou. Apesar de pequeno número, a Ordem dos Eleitos Cohens do Universo não parece ter sido nem bem estruturada nem bem administrada. Na realidade, isso foi da personalidade de seu fundador. Desde sua partida para São Domingos, em 1772, alguns adeptos voaram com suas próprias asas. Depois de sua morte, em 2 de setembro de 1774, e seu enterro em São Domingos, "em um lugar hoje desconhecido", a função de Grande Soberano foi ocupada por Coignet de Lestère, que morreu em 19 de dezembro de 1779. E seu sucessor, Sébastien de las Casas, aconselha, em novembro de 1780, os Capítulos Cohens... a se dissolverem (cf. Alice Joly, p. 41 e seguintes).

CARTAS DE JEAN-BAPTISTE WILLERMOZ A KARL VON HUND

Jean-Baptiste Willermoz não havia esperado essa data para se orientar e orientar com ele uma grande parte dos maçons lioneses em direção a outros horizontes. Com efeito, em 18 de dezembro de 1772, ele endereçava uma carta particular a Karl von Hund por intermédio do barão de Lansperg, da Loja "La Candeur", no Oriente de Estrasburgo. Nessa longa carta, a qual Le Forestier analisa da página 343 a 346, Jean-Baptiste Willermoz expõe sua carreira e seus títulos maçônicos, "insistindo nas longas pesquisas às quais ele havia se entregado para descobrir a essência do segredo maçônico", falando "em termos tão velados quanto enfáticos da Ordem dos Eleitos Cohens". Enfim, ele explica por que se endereçava ao "Mui Ilustre Irmão": esperava luzes dele e lhe propunha uma aliança, na condição de que ela não acarretasse obrigações contrárias aos "engajamentos particulares e irrevogáveis" aos quais ele tinha se dedicado e que eram absolutamente legítimos, pois eles eram "apenas os do homem honesto e do cristão" (Le Forestier, p. 345-346).

1. MEUNIER DE PRÉCOURT

De fato, essa carta é a conclusão de uma longa caminhada. Jean-Baptiste Willermoz (cf. p. 43), desde muito tempo, havia estabelecido relações com um maçom de Metz, Meunier de Précourt, comerciante como ele e presidente de um Capítulo de Altos Graus, que se intitulava "o Grande Oriente de Metz". Em 1761, uma correspondência começa entre o Capítulo de Metz e a Grande Loja de Lyon. Os Irmãos de Metz haviam realizado uma síntese entre a lenda templária (ver Preliminares II) e sua doutrina hermético-alquímica, síntese que se materializa no grau de "Grande Inspetor, Grande Eleito".

2. "SAINT-JEAN-DES-VOYAGEURS" EM DRESDEN

Le Forestier lembra (p. 333-334 e seguintes, cap. IV) que, em 7 de outubro de 1766, uma Loja de Dresden, "Saint-Jean-des-Voyageurs", envia à "Grande Loja dos Mestres Regulares de Lyon" um convite a uma correspondência concebida em termos obrigatórios. Jean-Baptiste Willermoz estava ausente. O Irmão que o substituía como secretário e arquivista esqueceu a carta. Por volta de três anos depois, Jean-Baptiste Willermoz recebe a visita de um dos responsáveis da carta esquecida, o conde de Bellegarde, que trata com ele da "união começada entre as Lojas da Alemanha". Essa visita não teve continuidade. Três anos mais tarde, em 1772, as Lojas de Lyon receberam um pedido de socorro da mesma Loja de Dresden, mas que havia mudado de nome e se chamava "Aux Amis Réunis". Jean-Baptiste Willermoz reencontra a carta perdida seis anos antes, e os Irmãos de Lyon enviaram "Aux Amis Réunis" "a maior parte da soma produzida pela busca (...) de 25 de março, na reunião de luto organizada pela memória do falecido Grão-Mestre o conde de Clermont".

3. "LA CANDEUR" EM ESTRASBURGO

O barão de Lutzelbourg, da Loja "La Candeur", no Oriente de Estrasburgo, "havia sido admitido durante sua estadia em Dresden na Ordem Interior da Estrita Observância, na Loja 'Aux Amis Réunis', que se juntou à Loja Templária 'Les Trois Glaives d'Or'" (Le Forestier, p. 335). O barão de Landsperg, Venerável de "La Candeur", fundou um "Conselho Privado", do qual Lutzelbourg filiou a maioria dos membros à E.O.T. Por intermédio de Weiler, *Eques a Spica Aurea*, Cavaleiro da Espiga de Ouro, Karl von Hund, *Eques ab Ense*, Cavaleiro da Espada, endereça-lhes uma patente que faz de seu Capítulo o lugar do diretório da província templária da Borgonha. Os 16 membros desse Capítulo eram chamados pelos maçons comuns de "Conselho dos Irmãos do Segredo".

4. DESORDENS PARISIENSES

Em Paris, era difícil ver claramente. A situação é conflituosa entre "Imperadores do Oriente e do Ocidente" e "Cavaleiros", em prejuízo da Grande Loja.

De conflituosa a situação se torna explosiva: chega-se a uma situação extrema, e o tenente de polícia, sr. De Sartine, decide suspender os trabalhos. Essa situação irá durar de 1767 a 1771. O conde de Clermont morre em 16 de junho de 1771. Em 24 de junho de

1771, é eleito Grão-Mestre Louis-Philippe, o duque de Chartres; em novembro de 1785, o duque de Orléans, mais conhecido pelo nome de Philippe-Égalité [Felipe-Igualdade], e guilhotinado em 6 de novembro de 1793, depois de ter renegado, por uma carta de 22 de fevereiro de 1793, a Franco-Maçonaria e o Grande Oriente. Pierre Chevalier escreve: "A apostasia de Philippe-Égalité e sua demissão do Grão-Mestrado do Grande Oriente" (tomo 1, p. 337 da *Histoire de la Franc-Maçonnerie en France*).

Eleito em 24 de junho de 1771, o duque de Chartres aceita em 5 de abril de 1772 apenas o Grão-Mestrado, bem como o "Soberano Conselho dos Imperadores do Oriente e do Ocidente", "a fim de concentrar todas as autoridades maçônicas sob uma única autoridade", mas, por razões políticas estranhas à Ordem, ele se instalará apenas em 22 de outubro de 1773, após o nascimento do Grande Oriente, na ocasião de uma Assembleia dos Delegados das Lojas da província em 5 de março de 1773. A direção do duque de Chartres continuará nominal, o verdadeiro Grão-Mestre foi o Administrador Especial, o duque de Montmorency-Luxembourg.

As desordens parisienses tiveram repercussões na província, segundo Alice Joly. "La Candeur", de Estrasburgo, se liga à Grande Loja de Londres. Em Lyon, a Grande Loja dos Mestres Regulares (G.L.M.R.) se reúne em 14 de abril de 1772, nos locais de "la Parfaite Union", com Jean-Baptiste Willermoz tendo assegurado as funções de Arquivista e Chanceler. A questão que se colocava era: a G.L.M.R. de Lyon deveria ou não se juntar a essa nova Grande Loja da França? Em uma carta em 15 artigos, redigida por Jean-Baptiste Willermoz, Bruizet e Pagagnucci, os Mestres lioneses apresentam suas condições. Em seguida a esses colóquios, sob o impulso do duque de Montmorency-Luxembourg, a nova Grande Loja nacional deveria adotar o nome de "Grande Oriente".

Le Forestier tem uma versão diferente: "Ligações íntimas se estabeleceram entre o diretório de Estrasburgo e a Grande Loja de Lyon, em consequência da oposição que ambos fizeram às pretensões da Grande Loja da França", pretensões que esse autor qualifica mais adiante de "intenções imperialistas".

5. O CONVENTO DE KOHLO

Os Irmãos de Estrasburgo, em sua correspondência com os de Lyon, fizeram um tamanho elogio da reforma de Dresden que Jean-Baptiste Willermoz não teve outro desejo: conhecê-la e filiar-se a ela. Eis a origem da carta que ele escreveu em 18 de dezembro de 1772 ao *Eques ab Ense* Karl von Hund.

Ao se endereçar a Hund, Jean-Baptiste Willermoz ignorava que este havia sido praticamente destituído de suas prerrogativas pelo Convento Provincial que se instalara em Kohlo, aos arredores de Pfoerdten, de 4 a 24 de junho de 1772. Desde sua abertura, a autenticidade das declarações de Hund ao Convento de Altenberg, de maio de 1764, sobre a origem de seus poderes maçônicos, foi colocada em questão. Ele apenas repetiu o que já havia dito sobre as circunstâncias de sua recepção e sobre a pessoa de seu iniciador, *Eques a Penna Rubra*, o Cavaleiro da Pluma Vermelha, o pretendente Charles-Edward Stuart. Ele produziu o mesmo documento indecifrável.

O Convento rejeita categoricamente a obediência a superiores desconhecidos e, seguidamente, nomeia o duque Ferdinand de Brunswick, *Eques a Victoria*, "Magnus Superior Ordinis per Germaniam Inferiorem" e "Grão-Mestre de todas as Lojas Unidas".

O Convento nomeia outros "Superiores" para as diferentes províncias da Alemanha, simplifica a organização administrativa, e para melhorar a situação financeira aumenta as cotizações, as taxas, etc. Em outro plano, ele consagra a união com os Clérigos de Starck.

Quanto a Karl von Hund, ele vê sua terra de Unwuerde perder sua situação administrativa em proveito de Dresden e conserva apenas as funções honoríficas de Chefe da 7ª Província.

A resposta de Hund a Jean-Baptiste Willermoz foi esperada durante três meses. Com um laconismo militar, ela foi acompanhada de uma longa missiva de Weiler, concebida em termos voluntariamente ambíguos quanto à Ordem e a seus objetivos. Weiler indica como deveria ser constituído o dossiê que acompanha o pedido de afiliação.

6. ESCRÚPULOS E OBJEÇÕES... LIONESES

Parece que Willermoz empreendeu essa correspondência com Hund por sua própria iniciativa e sem se referir à G.L.M.R. de Lyon. Antes de se engajar, não fora ele tomado de escrúpulos, que toma para si em Lutzelbourg?

1. Poder-se-ia submeter antecipadamente a leis, estatutos e regras que se ignora?

2. A quais fins foi projetado o restabelecimento da Ordem do Templo: vingar o suplício de Jacques de Molay sobre os sucessores de Felipe, o Belo, e de Clemente V?

3. Como e por que conceber essa restauração como o verdadeiro objetivo da Maçonaria?

4. Em caso de afiliação à reforma de Dresden, qual atitude deveria ser adotada com relação ao Grande Oriente da França?

5. E última questão, mas não menos importante: quais seriam as despesas?

A resposta deve ser tranquilizadora: na reunião da G.L.M.R., de 18 de junho de 1773, Willermoz demonstra a seus auditores que a união com as Lojas reformadas da Alemanha só poderia reforçar suas posições com respeito ao Grande Oriente. Quatro Comissários foram nomeados a fim de "tomar todos os meios possíveis para se instruir sobre esse assunto". No dia de São João Batista, eles se deram conta de sua missão de um modo muito favorável. Mas os Irmãos que haviam viajado para a Alemanha promoveram protestos veementes, insistindo:

1. Sobre o caráter aristocrático da Estrita Observância;
2. Sobre as contribuições enormes a cumprir;
3. Sobre a autoridade atribuída a superiores desconhecidos;
4. Sobre a moralidade suspeita do Grande Mestre...

A emoção foi vívida. Uma nota foi enviada a Weiler por intermédio de Lutzelbourg. Weiler responde de uma maneira "muito moderada" e Le Forestier escreve: "Weiler rechaça, e com razão, as propostas difamatórias atribuídas a Hund".

7. WEILER EM ESTRASBURGO E EM LYON

Todas as objeções tendo sido descartadas, Weiler instala, em outubro de 1773, em Estrasburgo, o Diretório da 5ª província e em julho de 1774, em Lyon, "o Grande Capítulo da 2ª Província chamada Auvergne". No dia 25, na abertura solene, Willermoz e 12 Irmãos foram armados Cavaleiros. Ele recebeu seu nome de Ordem: *Frater Baptista ab Eremo*; seu brasão: um ermitão levando uma lança no ombro; sua divisa, *Vox in Deserto.*[1]

Do mesmo modo, foram constituídos o Diretório Escocês de Bordeaux, o Priorado de Montpellier. Em 1774, foi fundada em Lyon a R. L. "la Bienfaisance", para ser um lugar criador de futuros Cavaleiros.

Então, para chegarmos ao fim, em abril de 1776, um tratado de união foi concluído entre o Grande Oriente da França e "os Diretórios Escoceses estabelecidos segundo o Rito da Maçonaria Retificada da Alemanha".

---

1. Irmão *Baptiste* do Deserto. A Voz no Deserto.

QUARTO PERÍODO
1774-1779: DA RESTAURAÇÃO DA 2ª PROVÍNCIA AO CONVENTO DAS GÁLIAS

1. EM LYON

Depois de muitas reviravoltas, não apenas os Diretórios Escoceses das Províncias Francesas foram criados, mas ainda foram reconhecidos pelo Grande Oriente da França. Willermoz devia se considerar satisfeito. Certamente, durante dois anos os Templários lioneses vão trabalhar com zelo, observando os rituais transmitidos por Weiler com uma rigorosa exatidão e se mostrar muito diferentes com relação a Karl von Hund. Infelizmente, poucas Lojas adotaram a reforma da Alemanha. Citemos, em 1778, "la Noble Amitié", no Or... De Morlaix e, sobretudo, além das fronteiras do Reino, "la

Sincérité", no Or... De Chambéry, à qual se afilia o jovem conde de Maistre, que foi recebido como Cavaleiro em Lyon, em 6 de novembro de 1778, sob o nome de Ordem Eques Josephus a Floribus.

2. NA ALEMANHA

Inicialmente, o Diretório de Dresden censura Hund por ter criado os Diretórios Escoceses da França. Em seguida, o Convento que se instala em Brunswick de 26 de maio a 6 de julho de 1775 ratifica a restauração das Províncias da Gália, mas os Irmãos franceses não são convidados.

Weiler morre em Turim no dia 19 de novembro de 1775 e Karl von Hund segue esse destino no dia 28 de outubro de 1776.

Assim, passaram ao Oriente Eterno os únicos dois correspondentes alemães de Willermoz. Foi o barão de Turckheim, *Eques ab Arcu*, alsaciano de origem e por isso Comissário das Províncias da Gália diante da 7ª e da 8ª províncias, quem informou Willermoz dos ocorridos. Ele o inteirava das vicissitudes que se davam à E.O.T.

3. AS VICISSITUDES DA E.O.T.

Desde sua origem, ela enfrentou aventureiros, como Johnson, Gugomos, o dono de cabaré Schrepfer ou fundadores de ordens templárias rivais, tais como Zinnendorf, *ex-Eques a Lapide Rubra*, excluídos da E.O.T. em 1776, ou "os Rosa-Cruzes do Antigo Sistema". Dificuldades internas não tardaram a surgir entre Cavaleiros e Clérigos de Starck. E para terminar, houve as intrigas ambiciosas do duque da Sudermânia... Quanto ao duque Ferdinando de Brunswick, ele reunia convento a convento para tentar retomar a Ordem... Foi ele quem enviou à Itália o Chanceler da 8ª Província, Waechter, com a missão de se informar com o pretendente Charles-Edward Stuart, conhecido como o conde de Albany, acerca das relações da dinastia dos Stuart e com a Ordem do Templo. O jovem pretendente lhe responde "que nunca pertenceu à Maçonaria e que seu pai, Jaime Edward Stuart, conhecido como 'o Cavaleiro de São Jorge', tinha-lhe recusado a autorização para se iniciar".

4. CONSEQUÊNCIAS

Todas essas informações confundiram Willermoz, que, apesar de sua afiliação à E.O.T., nunca havia abandonado nem a doutrina (ele havia acompanhado as conferências de Lyon) nem as práticas dos Eleitos Cohens. Sem dúvida, ele encontrou na E.O.T. uma organização, uma estruturação que fazia falta à Ordem de Martinez de Pasqually. Mas nunca acreditou que a restauração da Ordem dos Templários era o objetivo final da Franco-Maçonaria... e ele sentia com tristeza o vazio doutrinal da E.O.T.

5. ORDEM DO TEMPLO E FRANCO-MAÇONARIA

Com efeito, as duas concepções são distintas:

1. Para Hund e a E.O.T., a Maçonaria é a filha direta do Templo: "Ela serviu apenas para a perpetuação secreta da Ordem do Templo, destinada a renascer das cinzas tal como aconteceu em seu desaparecimento visível no início do século XIV" (citação *Eques a Rosa Mystica*).

2. Para Willermoz, ao contrário, é outra tese que "argumenta em relação a ligações históricas estreitas entre Templários e Maçonaria na Europa e na Terra Santa e do parentesco esotérico ou iniciático das duas organizações... Ela admite a probabilidade de uma misteriosa simbiose entre as duas ordens, de onde deveria surgir, alguns séculos mais tarde, o Templarismo Maçônico. Tal é a concepção de Willermoz e das pessoas a seu redor" (*Eques a Rosa Mystica*, p. 33), pois a Maçonaria é anterior ao Templo.

Expusemos "a lenda templária" ao longo das Preliminares II: "Por que Retificado?".

Por outro lado, os Irmãos de Estrasburgo da 5ª Província, conhecida como Borgonha, sustentavam mal a tutela alemã, e manifestavam tendências revisionistas no plano administrativo; eles desejavam particularmente coroar os três primeiros graus, que na época eram chamados Simbólicos, de um quarto, este Escocês, que pertence à Ordem Interior da E.O.T. Eles se abrem a Willermoz a esse respeito.

Com relação ao que foi dito, o duque Ferdinando de Brunswick, *Eques a Victoria*, sugere aos Irmãos franceses de reunir um Convento das três províncias. Jean de Turckheim e Jean-Baptiste Willermoz focaram-se nesse trabalho e o Convento foi convocado por uma circular de 28 de agosto de 1778.

6. O CONVENTO DAS GÁLIAS

O Convento foi aberto em Lyon, em 25 de novembro de 1778, e teve 13 encontros, até 10 de dezembro do mesmo ano. Conhecido pelo nome de "Convento das Gálias" e se qualificando de "Nacional", ele estendia sua competência além das fronteiras francesas: com efeito, o Priorado da Helvécia, do qual a sede era em Zurique, dependia da 5ª Província de Borgonha, era representado pelo Irmão Saltzmann, de Estrasburgo, do mesmo modo que Antoine Willermoz representava a prefeitura do ducado de Savoia, recentemente criado em Chambéry. O Chanceler do Grande Bailiado da Lombardia, o dr. Giraud, *in Ordine Eques a Serpente*, havia sido convidado.

A seguir, temos as principais decisões tomadas pelo Convento e que deram origem ao Rito Escocês Retificado.

1. A recusa do antigo nome e a adoção de "Cavaleiros Benfeitores da Cidade Santa".

Assim, o Convento renunciava à filiação templária tal qual havia concebido o barão Karl von Hund e à restauração temporal da Ordem do Templo e, portanto, a toda pretensão à sucessão material, "sem negar para tanto qualquer ligação sobre sucessão".

2. Uma reforma de estrutura da Ordem.

a) "O grau de Escocês Verde, metade Simbólico, metade pertencente ao Interior, havia sido até agora pouco satisfatório". Assim se exprime Willermoz. O Convento o retira dos Altos Graus e o declara Quarto Grau Simbólico: "A Maçonaria Retificada só reconhece quatro Graus, a saber: Aprendiz, Companheiro, Mestre e Mestre Escocês".* (Cap. X dos Graus Maçônicos, *in* Código Maçônico das

---

*N.E.: Sugerimos a leitura de *O Grau de Mestre Escocês de Santo André no Rito Escocês Retificado*, de Roland Bermann, Madras Editora.

Lojas Reunidas e Retificadas da França... *in* Jean Tourniac, *Principes et Problèmes Spirituels du R.E.R.,* p. 301 e 319). Os Irmãos de Estrasburgo haviam obtido satisfação e, nas sessões posteriores, Willermoz apresenta o ritual desse 4º Grau, e o dos três primeiros à aprovação do Convento.

b) "Não se receberá mais na Ordem doravante assuntos nessa classe intermediária chamada de Escudeiros (...) Ao lembrar a verdadeira origem do significado de Escudeiro, que era a do noviciado e do criador de Cavaleiros, dá-se essa qualificação aos que estão no ano de provas para ser recebidos como Cavaleiros" (título 1º, art. III do "Código Geral dos Regulamentos da Ordem dos C.B.C.S.", *in* Jean Tourniac, *Principes et Problèmes Spirituels du R.E.R.*, p. 301 e 319).

Na Estrita Observância Templária de Karl von Hund, o Grau de Escudeiro era reservado aos não nobres, aos plebeus; apenas os nobres podiam chegar ao Grau de Cavaleiro, e vimos que essa característica aristocrática da E.O.T. havia sido um dos motivos de oposição à adesão a essa Ordem. "Se a constituição feudal da Europa e militar de nossa Ordem" justificava o fato de "admitir em seu seio" apenas os que "nasceram de parentes nobres de nome e de armas", a Ordem é "dirigida hoje em direção ao único exercício das virtudes sociais e patrióticas", não se pode "sem justiça excluir os candidatos úteis, plenos de talentos e de zelo com o bem público, mas menos favorecidos pelo acaso do nascimento (...) A verdadeira nobreza consiste na virtude" (*op. cit.*, p. 314-5).

O código distingue dentre os Cavaleiros:

1. Os regulares, ou seja, "os que receberam as ordens sagradas de uma comunhão cristã, e recomenda em particular o amor pelos bons modos e por uma religião doce, benfeitora e tolerante".

2. Os militares, "que estão em atividade de serviço, ou que se retiraram com a cruz, ou depois de terem servido 20 anos, devotam-se por meio de novos sermões à defesa de sua pátria e prometem se lembrar, no meio dos horrores da guerra, das leis santas da humanidade e da generosidade para com os vencidos, os que estão morrendo e os prisioneiros.

3. Os civis, todos os irmãos nobres ou não que não pertencem às classes precedentes. "Os magistrados e as pessoas da lei fazem voto de defesa ao fraco e ao oprimido; os médicos a assistir gratuitamente os pobres; as pessoas de letras a dedicar seus cuidados a obras que estendem o espírito da virtude e da verdade; os negociantes a cuidar da circulação das necessidades mútuas e de fornecer trabalho e pão a cidadãos pobres e honestos; os agricultores, pessoas de finanças e outros burgueses honestos, situados em um estado menos sujeito a deveres civis, são tanto mais favorecidos a dedicar seu tempo de lazer ao bem da humanidade; todos seguindo as vistas beneficentes da Ordem" (art. I das Dif. Classes da O., *op. cit.,* p. 314).

Em conclusão, como escreve Edmond Mazet, na página 67 do nº 11 dos *Cadernos* de Villard de Honnecourt, em um artigo consagrado aos "atos" do Convento das Gálias: obtém-se "essa estrutura particular ao Rito Escocês Retificado de uma Maçonaria Simbólica em quatro Graus, que leva a uma Ordem de Cavalaria" cujo "objetivo primeiro não é outro que o bem da humanidade".

QUINTO PERÍODO
1782: O CONVENTO DE WILHELMSBAD

PRIMEIRA CIRCULAR DO DUQUE FERDINANDO DE BRUNSWICK. PAPEL DE WAECHTER

O duque Ferdinando de Brunswick chegou a rejeitar completamente as bases sobre as quais Karl von Hund havia fundado a Estrita Observância. Em seu retorno da Itália, Waechter trazia a prova da inexistência da lenda jacobita e dos superiores desconhecidos (cf. Primeira parte, cap. II, *La Légende Jacobite*). Ele afirmava também ter recebido de um "amigo" conhecimentos "inestimáveis" sobre os verdadeiros objetivos da Maçonaria. Comunicou uma parte do fato ao duque e ao landgrave Karl de Hesse. Entusiasmado, o duque endereça aos Capítulos uma primeira circular, em 7 de outubro de 1779, na qual "ele rejeitava deliberadamente a filiação templária, e todo projeto, em qualquer forma que fosse, de restauração da Ordem do Templo" (L.F. p. 567). A recepção se resume em duas palavras: indiferença e hostilidade. Com efeito, uma coisa era rejeitar pura e simplesmente essas bases que haviam seduzido tanto os barões alemães, proclamando-as "falsas e perigosas", outra era substituí-las. Waechter aparecia como o homem capaz de trazer uma solução a essa situação embaraçosa, mas ele formula exigências tais que nem o duque Ferdinando de Brunswick nem o landgrave Charles podiam aceitar.

APARECIMENTO DO BARÃO VON HAUGWITZ

Desde 1778, o duque havia encontrado Von Haugwitz. No verão seguinte, Von Haugwitz "catequiza" o landgrave. Este foi conquistado... Haugwitz iria talvez trazer aos príncipes uma doutrina segura.

Nascido em 1752, na Silésia, terra da eleição do Pietismo alemão, Christian von Haugwitz foi iniciado em Leipzig. Passa em seguida à Loja Retificada de Görlitz e se torna na Ordem Interior "Eques a Monte Sancto"; deixa a Estrita Observância pelo Rito de Zinnendorf para finalmente ser admitido pelos Irmãos morávios. Em 1722, o conde Ludwig von Zinnendorf acolhe em suas terras os descendentes dos Irmãos hussitas, filhos espirituais do reformador tcheco Jan Huss, que foi queimado em 6 de julho de 1415, na saída do Concílio de Constância. O vilarejo de Herrn-Hut (a guarda do senhor) situado a leste de Dresden, entre Loebau ao norte e Zittau ao sul, a oeste de Görlitz, a cidade de Jacob Boehme, localiza-se em plena Lusácia, não muito longe de Kittilitz, das terras de Karl von Hund... Esse vilarejo se torna o centro da comunidade dos Irmãos morávios, herdeiros espirituais dos hussitas. Essa comunidade evangélica possuía uma piedade ardente, "por sua vez em reação contra a ortodoxia solidificada das igrejas e contra a vaidade das controvérsias" (Daniel Rops). Haugwitz adota sua vida ascética, torna-se o chefe de um pequeno grupo bem fechado, "os Confidentes de São João", que mais tarde adotaram o nome de "Irmãos da Cruz". Essa sociedade mística se desenvolveu no crisol maçônico, mantendo apenas os três primeiros graus, dos quais interpretava os símbolos no sentido cristão. Quanto ao objetivo procurado, era, seguindo a expressão de M.-M. Davy, a liberação da centelha divina que está presente em cada homem, pela ascese, pela prece e pela comunhão mística. De todos os maçons que encontramos até aqui, ele parece ser o único ao qual se aplica em um sentido estrito o epíteto de místico.

Fez em seguida carreira na diplomacia. Um único ponto nessa carreira interessa à história da Franco-Maçonaria. No Congresso da Santa Aliança, realizado em Verona, em 1822, ele apresenta uma memória, redigida em francês, onde afirma com a força da responsabilidade da Franco-Maçonaria na gênese da Revolução Francesa. É a essa memória que se refere monsenhor Freppel, bispo de Angers e deputado de Finistère, para afirmar que a revolução é em grande parte obra dos Franco-Maçons (Monsenhor Freppel: *La Révolution Française, à Propos du Centenaire de 1789*, Paris, 1889, p. 33-334). A notar, como veremos em breve, que Christian von Haugwitz não deveria assistir ao Convento de Wilhelmsbad.

FRACASSO DO PROJETO DE UNIÃO ENTRE HAUGWITZ E WILLERMOZ

Foi então que o duque Ferdinando teve a ideia de incentivar a união entre Haugwitz e Willermoz, entre o pietista silesiano e o Eleito Cohen lionês. Ele não ignorava nada sobre os trabalhos do Convento das Gálias e sobre a reforma chamada de Lyon que dele saiu. Nas cartas que lhe haviam endereçado em seguida, Willermoz trata do significado do Templo de Salomão, disserta sobre o microcosmo e o macrocosmo, mas, ainda que tenha admitido à grande profissão o duque e o landgrave, ele não podia lhes desvendar o segredo das operações teúrgicas transmitidas por Martinez de Pasqually. As doutrinas de Haugwitz e de Willermoz tinham mais de um ponto comum, mas os métodos de realização espiritual diferiam completamente. Haugwitz põe fim a uma longa correspondência e se recusa a colaborar para a reforma projetada e assistir ao futuro convento.

Foi assim que J.-B. Willermoz permaneceu como o único teórico sobre o qual o duque Ferdinando podia se apoiar.

SEGUNDA CIRCULAR DE 19 DE SETEMBRO DE 1780

O ensinamento de Haugwitz, as revelações de Waechter, os comunicados mais ou menos velados de Willermoz haviam convencido Ferdinando de Brunswick de que uma tradição cristã e esotérica estava na base da Maçonaria. Para levar os Irmãos a essa conclusão, ele lhes envia uma segunda circular na qual enumera os principais problemas que o futuro convento teria de resolver, tais como: a existência de verdadeiros superiores, cerimonial e rituais, restauração da Ordem do Templo, objetivo público ou secreto, exterior ou interior.

JOSEPH DE MAISTRE

Foi a essas questões que respondeu Joseph de Maistre, *Eques Josephus a Floribus*, em sua *Mémoire au Duc de Brunswick*. E a esses problemas ele traz respostas pessoais. O Cavaleiro de Savaron, *Eques Gaspard a Solibus*, representante da Prefeitura de Chambéry no Convento, deveria remetê-lo à Alteza Sereníssima... Não parece que S.A., o duque Ferdinando, tenha conhecimento. A maioria das biografias do ilustre escritor, à exceção de Dermenghem, em seu *Joseph de Maistre Mystique*, passa cuidadosamente sob silêncio suas atividades maçônicas; o defensor do trono e do altar – *horresco referens!* – era franco-maçom. Nesse caso, "a restrição mental" substitui o amálgama ou a mentira pura e simples.

A memória de Joseph de Maistre ao duque de Brunswick mereceria um estudo voltado apenas a ele.

O duque de Brunswick recebeu respostas favoráveis a sua circular. Elas vinham de Lyon, de Turim, de Zurique, da Alemanha, da Áustria e da Polônia.

Ele e seus chefes alemães da Estrita Observância haviam contratado um casamento de conveniência junto aos promotores da reforma de Lyon. Não se podia mais recuar.

Em 15 de julho de 1782, o convento se abre em Wilhelmsbad, próximo a Hanau, cerca de 20 quilômetros a leste de Frankfurt. Em 1782, e não em 1780, como escreve monsenhor Freppel a propósito do que ele chama de "Congresso (*sic*) Geral das Lojas Maçônicas realizado em Wilhelmsbad em 1780"; erro de importância menor, mas, de fato, apenas "as Lojas Unidas e Retificadas" foram mencionadas.

OS PARTIDOS EM PRESENÇA

Aos partidários da reforma de Lyon, ao primeiro chefe, o duque Ferdinando de Brunswick, Willermoz, apoiado por Henri de Virieu e Gaspard de Savaron, Jean de Turckheim, etc., vão se opor: os tradicionalistas, os racionalistas, "Os Iluminados da Baviera" de Weishaupt, Chefdebien, Savalette de Langes e os "Philalèthes".

OS TRADICIONALISTAS

Ou permanecendo fortemente ligados às formas e às condecorações, ao cerimonial e aos rituais, logo, a tudo que fez a grandeza da Estrita Observância Templária. Eles pertencem, em geral, à pequena nobreza alemã.

Ou sendo hermetistas impenitentes, eles não veem sem despeito a rejeição da filiação templária e da lenda dos superiores desconhecidos. Persuadidos de que a riqueza da Ordem do Templo* era fruto da Alquimia, eles esperavam que haveria um dia em que os sucessores escondidos, portanto desconhecidos, de Jacques de Molay, lhes comunicariam os segredos da Crisopeia. Tal era Chappes de la Henrière, *Eques Hyacinthes a Cruce Caerulea*, delegado das prefeituras de Metz e de Nancy.

OS RACIONALISTAS

De fato, cristãos, mas protestantes e cheios de desconfiança, com razão aliás, ao que se deveria chamar na Alemanha de Criptocatolicismo. Dentre eles, pode-se colocar Christophe Bode, *Eques a Lilio Convallium*, que via em todo lugar a mão da Companhia de Jesus, dissolvida pelo papa Bento XIV em 1773... e tornada clandestina.

---

*N.E.: Sugerimos a leitura de *Da Cavalaria ao Segredo do Templo*, de Jean Tourniac, Madras Editora.

Não oficialmente, claro, um membro da "Seita dos Iluminados da Baviera", Franz Von Dittfurth, *Eques ab Orno*, representava a prefeitura de Wetzlar da 7ª Província. Outro "Iluminado", Adolf von Knigge, *Eques a Cygno* na Ordem Interior, não toma parte no Convento, mas nos bastidores fazia propaganda e recrutamento.

OS ILUMINADOS DA BAVIERA

Com relação à influência que lhes emprestaram, ao papel que os fizeram interpretar em particular nas origens da Revolução Francesa, convém traçar rapidamente o histórico.

Antes, uma observação se impõe: o termo "iluminado" causa confusão. É assim que Auguste Viatte dá como subtítulo a seu livro *Les Sources Occultes du Romantisme*, "Iluminismo Teosófico". Ele arrola dentre os Iluminados os discípulos de Jacob Boehme, os de Swedenborg, de Martinez de Pasqually, com J.-B. Willermoz e Louis-Claude de Saint-Martin, o pastor Lavater e outros ainda. A sociedade fundada por Adam Weishaupt, em 1776, não tem nenhuma relação com esses místicos, teósofos ou "loucos de Deus". Weishaupt (1748-1813) ensinava direito canônico na Universidade de Ingolstadt, a 80 quilômetros ao norte de Munique. Ele havia sido aluno dos jesuítas.

Ele sonha, pois estamos no domínio da utopia, com uma sociedade perfeita, em que todos os homens seriam felizes, conheceriam uma felicidade legítima, graças à razão e na qual, por consequência, as leis, os magistrados, os governantes, os representantes de toda obrigação não existiriam.

Para realizar esse estado de perfeição, seria necessário, então, educar os homens, e para fazê-lo o mais simples seria colocar nos postos de responsabilidades homens de ideias... e erigir uma organização *"ad hoc"*.

Apesar de um anticlericalismo visceral, ele toma como modelo a Companhia de Jesus e decide aplicar seus métodos verdadeiros ou supostos.

- Uma obediência total: *Perinde ac cadaver;*
- O segredo absoluto: *Monita secreta;*
- Agir na sombra, insinuar-se no espírito dos príncipes, interferir nas administrações, etc.

E isso não *ad majorem Dei gloriam*, mas para essa sociedade perfeita... isso deve ter levado mil anos.

Os primórdios foram muito modestos, Weishaupt havia recrutado quatro de seus alunos, os Areopagitas de seu futuro "Conselho Diretor", e os progressos eram lentos e difíceis.

Foi então que, apesar do desprezo e até mesmo da hostilidade que ele havia manifestado inicialmente com relação à Franco-Maçonaria, Weishaupt decide se infiltrar nas Lojas. Ele foi recebido com seus acólitos na Loja "Théodore du Bon Conseil", de Munique, mas seria necessário que esperasse seu encontro com Von Knigge para que sua "seita" recebesse a organização e o impulso que lhe haviam faltado até ali.

Está aí o arquétipo, portanto, desses grupos de homens que renegam ou ignoram o ideal iniciático da Maçonaria Tradicional para seguir o que Jean Baylot chamou justamente de *La voie substituée* (Paris, Dervy Livres, 1985).

Os Iluminados recrutaram na Baviera católica e em outros Estados do Sacro Império príncipes reinantes, como o grão-duque de Saxe-Weimar e seu conselheiro, o poeta Goethe e seu pastor, o escritor Herder, ambos, aliás, entusiastas do movimento *Sturm und Drang*, em reação ao Classicismo e ao Racionalismo francês do século XVIII... Entretanto, o número de adeptos não teria ultrapassado 650.

Os Iluminados atacaram de início a Estrita Observância, mas, no fim de 1783, a Loja de Berlim, "Aux Trois Globes", que havia deixado a E.O.T. para a "Rosa-Cruz de Ouro", contra-ataca. Nesse momento, um conflito eclode entre Knigge e o autoritário Weishaupt. O novo eleitor da Baviera, Karl Theodor, era antes de tudo hostil às "luzes". Imprudências dos jovens iluminados de Munique e a infiltração de seus serviços administrativos levaram-no a publicar, em junho de 1784, um édito proibindo as sociedades constituídas sem autorização da autoridade pública e confirmação do soberano. Os "Iluminados" se dispersaram.

Desde o ex-jesuíta Barruel, todos os partidários do Antimaçonismo praticaram o amálgama: "Iluminados" iguais a "Franco-Maçons", iguais a "Jacobinos", e lhes atribuíram um papel de primeiro plano na gênese da Revolução Francesa. Assim, simplifiquemos o estudo das causas políticas, financeiras, sociais e econômicas que levaram à queda da monarquia. Passemos. Leremos com proveito o artigo de Roger Girard sobre "Barruel e o Antimaçonismo", publicado no nº 8 dos *Cadernos* de Villard de Honnecourt, e se tivermos tempo, o pequeno livro de um contemporâneo dos acontecimentos de 1789, Jean-Jacques Mounier, intitulado *De l'influence Attribuée aux hilosophies, aux Franc-Maçons, aux Illuminés sur la Révolution de France.*

CHEFDEBIEN, SAVALETTE DE LANGES E OS PHILALÈTHES

Desde a primeira sessão do convento, Willermoz provavelmente enfrentou um ataque frontal, não de um Irmão alemão, mas de um francês, o marquês de Chefdebien, *Eques a Capite Galeato*, delegado da província da Septimânia. A moção que ele apresentava era uma ordem judicial para que escolhesse entre os termos da seguinte alternativa:

- ou ser templário para ser apenas isso;
- ou romper toda ligação com a Ordem do Templo.

A posição adotada pelo Convento das Gálias era muito mais matizada. A moção, cancelada, é reiterada por seu autor na sessão seguinte, e manifesta sua hostilidade aos lioneses. Mas Willermoz, como estrategista de fato, soube se esquivar desses ataques.

A hostilidade do marquês encontrava sua fonte na recusa que Willermoz havia proposto a seus pedidos reiterados de ser admitido na Grande Profissão. Além disso, ele era o emissário de Savalette de Langes, Venerável da "Amis Réunis", Loja no seio da qual havia constituído uma "academia ocultista", que tinha por objetivo "recolher nos Catecismos Maçônicos traços ainda reconhecíveis de antigos conhecimentos secretos caídos no esquecimento",[2] e que se tornaria o regime dos Philalèthes,* amigos ou pesquisadores da verdade.

Em 1778, Savalette de Langes inscreve nela Willermoz como "Associado Livre", esperando que este lhe comunicasse os segredos dos Eleitos Cohens. Mas Willermoz se recusa a admiti-lo na Grande Profissão. Como Chefdebien, ele teve um despeito e um ressentimento tenazes, e remete a esse último instruções detalhadas a fim de aprender tudo o que se diria e se faria em Wilhelmsbad. Assim, ele atingiria o mistério do qual se cercavam os chefes da E.O.T. e da reforma de Lyon.

Quanto a Chappes de la Henrière, sua intervenção hostil à reforma de Lyon dá a Willermoz a oportunidade de expor publicamente "os princípios pelos quais estava inspirada a reforma".

INTERVENÇÕES DE DITTFURTH

É quando Dittfurth entra no jogo. Se Chefdebien era o olho de Savalette de Langes, ele era o agente oculto de Weishaupt. Sua missão não consistia em recolher informações e em transmiti-las a seu

---

2. Ligou, p. 921.
*N.B.: Não confundir os Philalèthes de Savalette de Langes com os Philadelphes, "amigos dos Irmãos", rito fundado em Narbonne, em 1779, pelo pai de Chefdebien.

chefe, essa era a missão de Von Knigge; ele tinha de criar as maiores dificuldades possíveis ao bom funcionamento do Convento. Ele se opõe inicialmente "às coisas que não tinham combinado com ele" (L.F., p. 667). Logo ele se comporta como um verdadeiro agente provocador, atacando "da maneira mais escandalosa a todo princípio de religião", e até mesmo as bases da sociedade civil da época, até o ponto em que seus auditores ficaram chocados, escandalizados mesmo. Para terminar, ele propõe organizar a Franco-Maçonaria em uma federação de Lojas autônomas, com o objetivo de facilitar a propaganda dos Iluminados de Baviera... Sua proposta foi rejeitada sem discussão e ele deixa Wilhelmsbad antes do fim do Convento.

Seria um erro, todavia, crer que o Convento de Wilhelmsbad foi apenas um "campo fechado" onde se enfrentaram partidários de doutrinas opostas. Foi construtivo também.

O DISCURSO DE JEAN DE TURCKHEIM

Willermoz, como já vimos, replica a Chappes de la Henrière por meio da leitura do discurso que Jean de Turckheim havia pronunciado ao Convento das Gálias, e que refletia fielmente seu pensamento. Desse discurso, publicado por Edmond Mazet no nº 11 dos *Cadernos* de Villard de Honnecourt, p. 84, podemos concluir que:

1. O objetivo da Franco-Maçonaria é a beneficência que deve cessar a fonte
   A) das necessidades físicas não satisfeitas,
   B) mas também "das necessidades morais não menos preciosas para o espírito justo".
2. Os meios
   A) o autor rejeita

a) "o ascetismo, toda contemplação puramente passiva, que isola o cidadão e resseca seu coração", assim como "essas meditações sombrias que concentram a imaginação exaltada".
b) as "loucuras" da Alquimia.

B) mas ele preconiza

a) "a ocupação mais nobre do homem, a saber, a contemplação da verdade"
b) e "essa tolerância doce, grito do século, base de nossa ordem".

3. Ele conclui com a afirmação de que "a Maçonaria é mais antiga que nossa S(anta) O(rdem), da qual ele mesmo foi depositário durante certo tempo".

"A BENEFICÊNCIA" SEGUNDO H. DE VIRIEU E A REGRA MAÇÔNICA

O conde Henri de Virieu, *Eques a Circulis*, foi encarregado de definir a Beneficência, virtude maçônica por excelência.

Virieu era um dos representantes da 2ª Província chamada Auvergne, comandada pelo Grão-Mestre provincial, duque de Havré e Cröy, *Eques a Portu Optato*. No mundo profano, ele é oficial de carreira. O trabalho de Virieu serviu de base ao artigo V em seis parágrafos da regra.

Nele estão relacionados:

- a infância e sua miséria impotente;
- a juventude com sua inexperiência funesta;
- todo ser que sofre e geme.

O maçom não deve esperar "o grito agudo da miséria". Ele deve se guardar de toda ostentação e, se dispõe de "algo supérfluo", guardar-se da avareza, "a mais sórdida das paixões".

Essa benevolência, "esclarecida pela religião, pela sabedoria e pela prudência", lhe dará um "gosto da felicidade celeste..." "*Sitientibus...*".

E já que citamos a regra maçônica do uso das Lojas Reunidas e Retificadas, Paul Naudon (*La Franc-Maçonnerie Chrétienne,* p. 147), com Alice Joly (*Un Mystique Lionnais,* p. 190-191), pensa que ela é a obra de Willermoz que teria abordado "o resumo da regra maçônica" em nove artigos, dos quais o V é o resumo da regra, mas do qual Jean de Turckheim havia redigido o esboço, que ele havia lido na Assembleia.

OS RITUAIS

Paul Naudon, na página 144 da mesma obra, cita uma carta de Willermoz na qual ele explica em detalhes o trabalho do Convento, no que se refere aos rituais. Três comitês foram inicialmente formados: o primeiro ficou encarregado "de examinar, comparar e analisar todos os rituais" dos Graus Azuis; o segundo "ficou encarregado do mesmo trabalho na classe denominada Altos Graus ou Superiores"; um terceiro ficou encarregado do mesmo trabalho ao que concernia à Ordem Interior "e particularmente o exame aprofundado dos títulos ou probabilidades sobre os quais se fundava a filiação verdadeira ou suposta da Ordem dos Templários com os tempos modernos, e da conexão verdadeira ou suposta dessa Ordem com a Maçonaria (...)". Um quarto comitê "escolhido ficou encarregado do exame da parte científica", ou seja, doutrinal.

Os três primeiros comitês, uma vez terminado seu trabalho particular, reuniram-se em um comitê geral: "É aí onde foram detidas as bases e a classificação de todos os rituais do dito regime", e

Willermoz acrescenta: "Eu disse as bases e não a direção definitiva de cada ritual (...)".

Fizeram imprimir no Convento "as bases adotadas dos rituais dos três primeiros Graus, que eram apenas um simples esboço delas". A redação final foi confiada aos deputados franceses de Auvergne e da Borgonha.

Agora, cedamos a palavra a Edmond Mazet, nos *Cadernos* de Villard de Honnecourt nº 4, p. 151: "Essa redação se arrasta por tanto tempo que não havia acabado completamente quando acontece a Revolução Francesa, que deveria interromper de forma durável os trabalhos maçônicos na França, e cortar os Irmãos franceses da Estrita Observância dos outros ramos dessa Ordem, que aliás entrou em decadência" (fim da citação).

"O trabalho que havia sido confiado aos Irmãos lioneses e estrasburgueses, apesar de suas lentidões e sua característica intermitente, foi acabado, notavelmente no que se refere aos rituais" (*idem*, fim da citação).

Na 18ª sessão, o duque Ferdinando foi reeleito Grão-Mestre Geral.

Tendo renunciado convicto à herança material dos antigos Templários e ao plano de restauração de sua Ordem, o convento decide fazer coincidir os limites das províncias com as dos Estados. Assim foram misturadas as suscetibilidades dos príncipes.

Os trinta e poucos membros do convento se separaram no dia 1º de setembro, depois de terem decidido buscar uma medalha na efígie do duque Ferdinando, *Magnus Magister Totius Ordinis*, com a divisa: *Tandem Aurora Lucessit*!

O ESTRONDO DO CONVENTO

O Convento oficialmente reúne 35 Irmãos, e o landgrave de Hesse figurava duas vezes nele. A maioria dos Deputados, 22, pertencia às Províncias Templárias do Sacro Império.

A 5ª Província, chamada Borgonha, contava dentre seus oito representantes com Jean de Turckheim e com o dr. Diethelm Lavater, *Eques Ab Aesculapo*, de Zurique. Seu irmão, o pastor, ainda que não pertencesse à Ordem, vai a Wilhelmsbad durante o Convento e mantém contato com os deputados. Suas doutrinas não tinham mais do que um ponto em comum com a de Martinez de Pasqually. Ele é o autor e inventor da fisiognomonia.

A 2ª Província, chamada Auvergne, era representada por Henri de Virieu, *Eques a Circulis*; Gaspard de Savaron, *Eques a Solibus*; e Jean-Baptiste Willermoz... A 3ª Província, chamada Occitânia, era pelo marquês de Chefdebien, *Eques a Capite Galeato*...

Havia, portanto, poucas pessoas. Entretanto, o Convento excita a curiosidade de todos os que não haviam sido convidados às suas sessões, porque não pertenciam às Lojas Retificadas. E sua influência foi grande no mundo maçônico, pois esse foi o único exemplo de uma tentativa universal "de conhecer qual era a razão de ser da Franco-Maçonaria e o objetivo ao qual ela se destinava.

WILLERMOZ ATACADO POR SAVALETTE DE LANGES E POR BEYERLÉ

Desde seu retorno a Lyon, Willermoz envia a seus Irmãos das Lojas Retificadas um resumo das sessões do Convento, cuja obra coroava a reforma decidida no Convento das Gálias de 1778.

Logo em seguida, Willermoz foi objeto de ataques tanto contra sua pessoa quanto contra suas ideias e sua obra da parte de Chefdebien e de Savalette de Langes de um lado, e do prefeito de Nancy, o Irmão Beyerlé, *Eques a Fascia*, de outro.

Willermoz, insultado, demite os Philalèthes, dos quais era membro associado. E, apesar disso, ou talvez por causa disso, Savalette de Langes reuniria em Paris, durante o primeiro semestre de 1785, um primeiro Convento dos Philalèthes, cuja história não cabe à alçada deste trabalho.

Quanto a Beyerlé, ele intitula sua requisição de: *De conventu generali latomorum apud aquas wilhelminas prope hanauam oratio* (Discurso sobre o Convento Geral dos Maçons nas Águas de Wilhelmsbad, próximo a Hanau). Ele censura o Magnus Superior Ordinis de início por não ter revelado "os conhecimentos sublimes e consolantes" anunciados nas circulares, após ter deixado Willermoz "dominar o Convento sob o véu da hipocrisia e da mentira, por baixas manobras e surdas maquinações. Willermoz não permanece passivo diante dessa crítica virulenta, e replica com uma resposta às asserções do *Eques a Fascia*"... mas que teve o erro de vir muito tarde. Finalmente, Beyerlé paga uma multa honorável ao Convento da Província da Borgonha, em 1784. Mas tudo isso era quase fraternal.

BARRUEL E A TESE DO COMPLÔ

Tentou-se dar uma ideia do que se passava em Wilhelmsbad, também se ficou admirado por armarem um complô contra o abade Barruel, uma conjuração que se deu com a Revolução Francesa. Nós já encontramos esse personagem. Eis o que escreve sobre esse assunto J.-J. Mounier: "Sr. Barruel assegura que no congresso dos Franco-Maçons, que aconteceu em Wilhelmsbad em 1782, ao qual foram Deputados de todas as partes da Europa, houve uma grande conjuração para derrubar todos os Estados...". Ele funda sua suposição apenas em um propósito repetido pelo sr. De Gilliers, segundo o infeliz e respeitável De Virieu, membro da Assembleia Nacional.

Barruel não foi o único a defender a tese sobre o complô maçônico. Cagliostro, preso em Roma em 1789, havia-o precedido por suas declarações aos inquisidores. Houve também as divagações de Cadet-Gassicourt: a execução de Luís XVI vingava o martírio do Grão-Mestre dos Templários, Jacques de Molay... Diante dessas injúrias, o conde Joseph de Maistre, *Eques Josephus a Floribus*, desdenhosamente encolheu os ombros.

Barruel, mais de cem anos depois de Wilhelmsbad, teve um sucessor.

UM DIGNO SUCESSOR DE BARRUEL: O MARQUÊS COSTA DE BEAUREGARD

Autor de um livro intitulado *Le Roman d'un Royaliste sous la révolution. Souvenirs du Comte de Virieu,* publicado pela Editora Plon em 1892, 110 anos depois de Wilhelmsbad. É um monumento de mentiras no que se refere à Franco-Maçonaria em geral e às atividades maçônicas de Henri de Virieu. O marquês não cita suas fontes, das quais a principal só pode ser as *Mémoires pour Servir à l'Histoire du Jacobinisme,* de Barruel. Como o ex-jesuíta, o marquês pratica o amálgama, acredita no complô e mente. Eis a maneira segundo a qual ele descreve a carreira maçônica de Henri de Virieu:

1. No início do cap. II, "Henri se faz franco-maçom por sentimentalismo religioso. A Loja da Bienfaisance em Lyon. Viagem para a Alemanha. Encontro de chefes do Iluminismo. Coroação de Luís XVI...".

a) p. 26: "E, vítima de não sei qual alucinação religiosa, Henri se levantava para bater à porta das Lojas maçônicas. O bispo que o saudava desde a entrada era responsável por sua ortodoxia? E a grande dama que para introduzi-lo lhe oferecia a mão, quem era ela, senão a adorável figura do anjo que, outrora, anunciava a paz aos homens de boa vontade?".

b) 2º § do cap. II, p. 27: "Mas a onda ou antes a infantilidade das doutrinas encontradas por Henri em seus primeiros Graus maçônicos não podia por muito tempo satisfazer seu espírito inquieto e questionador. Cansado das afetações alegóricas, ele decide, para penetrar em seu sentido, *retomar o ponto inicial e partir para a Alemanha* (marcação feita por nós). Não podia mais conseguir o que queria de modo conveniente. Weishaupt acabava de unificar a

ação de todas as sociedades secretas alemãs impondo-lhes a todo-
-poderosa organização dos Jesuítas.

"Ele conhecia, por ter sido seu aluno, a irresistível força de uma vontade única que transmite hierarquicamente ordens que em todo lugar só encontra obediência passiva. Se fecunda tivesse sido a aplicação maçônica das regras de Santo Inácio, que Henri encontrasse a Saxônia, a Baviera, a Prússia, em uma palavra, a Alemanha inteira nas mãos de Weishaupt, o obscuro professor de Ingolstadt. Submissos à sua volta não eram apenas os deserdados e os humildes, eram os mais ilustres e os mais poderosos. Era o duque de Brunswick, o príncipe de Hesse. Era Frederico-Guilherme, o príncipe real da Prússia e seu futuro ministro Bischoffswerder..."

"Ele (Virieu) acaba, portanto, de se afiliar a essas doutrinas que o entusiasmavam. Se bem que Weishaupt, alguns anos depois, quis apenas Henri para representar a Maçonaria francesa no congresso *(sic)* de Wilhelmsbad." Entretanto, ao mesmo tempo Virieu se iluminava assim na Alemanha e Luís XV morria em Versalhes.

Retomemos esse texto citado quase por extenso:

Antes de ser o fiel discípulo de Willermoz, como sabemos, ainda que infelizmente nossos autores não deem a data na qual ele fora admitido na Estrita Observância, sob o nome de *Eques Henricus a Circulis*, Virieu pertence à Loja militar "La Parfaite Union", no Or. da Real Infantaria Roussillon, da qual foi Orador em 1774 (*Dictionnaire,* de Ligou).

O que um bispo, mesmo que no fim do século XVIII, teria procurado em uma Loja Militar? De qual bispo se trata, Costa não diz. Ele observa a mesma discrição com relação a "essa grande dama na figura de anjo".

Quanto à viagem de Virieu à Alemanha, Costa não cita nenhuma fonte, não dá nenhuma data, não traça nenhum itinerário, não assinala nenhuma etapa. Onde? Quando? Como? Mistério!

Compreende-se mal por que Virieu, "cansado dessas afetações alegóricas", decidiu retomar ao ponto inicial *(sic)*. Em regra geral, retoma-se antes a fonte, partindo para a Alemanha. Se nessa época ele conheceu apenas os primeiros graus, foi mais lógico atravessar a Mancha que atravessar o Reno.

Luís XV morre em 10 de maio de 1774. Em 25 de julho do mesmo ano, Weiler funda em Lyon o Grande Capítulo da 2ª Província chamada Auvergne. Louis-Claude de Saint-Martin, em Lyon, trabalhava em seu *Traité des Erreurs et de la Vérité*. As conferências de Lyon prosseguiam e Martinez de Pasqually morre em Porto Príncipe, em 20 de setembro.

Virieu teria, então, permanecido na Alemanha antes de maio de 1774, antes da implantação em Lyon da Estrita Observância e em uma época na qual a sociedade de Weishaupt, os Iluminados da Baviera, não existia ainda, já que ela foi criada apenas em 1º de maio de 1776.

Quanto à "toda-poderosa organização" que se empresta à Companhia de Jesus, ninguém ignora que existe um espírito antijesuíta, cujos representantes mais ilustres na França foram, no século XVII, Pascal e, no XVIII, Voltaire, e dentre os franco-maçons, Bode, na Alemanha, e Bonneville, na França. Em todo lugar eles viam a mão dos jesuítas, como mais tarde os amigos do "pequeno padre Combes"... Por outro lado, os discípulos do monsenhor Jouin, os leitores da *Action Française*, fizeram dos franco-maçons responsáveis por todas as calamidades... após a Revolução.

É tão exagerado dizer que a regra de Santo Inácio, utilizada pelo obscuro professor de Ingolstadt, lhe tenha permitido ter a Alemanha inteira a seus pés, que não há necessidade de insistir, salvo para destacar dois erros: o primeiro se refere ao duque Ferdinando de Brunswick e ao príncipe de Hesse, que eram os chefes da Estrita Observância Templária, e o segundo refere-se a Bischoffswerder, ministro da Guerra do sucessor do grande Frederico, que pertenceu à E.O.T. e depois à "Rosa-Cruz do Antigo Sistema".

Quais eram essas doutrinas com as quais Virieu se entusiasma? Costa não diz uma palavra!

Mas de onde o marquês Costa de Beauregard deduziu que Weishaupt quis apenas Henri de Virieu para representar as Lojas francesas em Wilhelmsbad? Vimos como o convento foi organizado, o motivo por que foi convocado. Ao contar tal romance, o autor tinha boa-fé ou mentia de propósito?

Henri de Virieu nasceu em 1754. Quando Luís XV morreu em 1774, ele tinha 20 anos. Na página 30 de seu romance, pode-se ler: "Mal tinha 25 anos"; então seria em 1779 que Virieu volta à Alemanha?

Apesar do início do cap. II, não encontramos nada sobre "a Loja da Bienfaisance em Lyon", nenhuma palavra sobre a atividade do futuro C.B.C.S. em Grenoble, em Lyon, no Convento das Gálias em 1778 e mais tarde em Paris.

De retorno da Alemanha, Virieu deve juntar seu regimento a Chalon. Ele leva sua mulher "à guarnição" (*sic*). Tudo corria com perfeito amor, quando de repente "a Ordem se renderia a Wilhelmsbad, onde o ilusionismo teria seus assentos gerais. Era como cair das visões do céu para o caos de um mundo perto de desmoronar", p. 43.

Em verdade, "o conde de Virieu, Frater Henricus, *Eques a Circulis*, Deputado pelo Grão-Mestre Provincial, duque de Havre e Croÿ, *Eques a Portu Optato*, era um dos três Deputados da 2ª Província chamada Auvergne, os dois outros sendo o Cavaleiro de Savaron, *Eques Gaspardus a Solibus*, e Jean-Baptiste Willermoz, *Eques Baptista ab Eremo* (Le Forestier, p. 650).

No que concerne ao próprio convento, eis o que nosso autor escreve, 2º § do cap. III:

"Nenhuma reunião maçônica havia até ali igualado nem igualou desde então em importância o congresso reunido por Weishaupt em 1782. Era a onda do fundo que iria afogar o velho mundo. Era a reviravolta e não a salvação que se preparava. Henri recebeu essa temível confidência. Sob a quimera humanitária lhe apareceu, em Wilhelmsbad, o complô antirreligioso e antimonárquico".

A história desse terrível congresso ainda não foi contada. Ligado a seu juramento, Virieu não deixou nada em suas notas que possa ajudar a escrevê-la. Desde então se ouviu falar da Maçonaria com temor.

Como ele voltava a Paris – um homem que deveria de modo nobre dividir sua devoção à família real, mas que então quase não previa seu futuro –, o barão de Gilliers lhe perguntava rindo quais eram os segredos tão trágicos que ele podia trazer de Wilhelmsbad. "Não os confiarei a ti", responde Henri com um ar tão triste que o sr. De Gilliers o olha admirado; "o que posso apenas te dizer é que tudo isso é mais sério do que pensas. A conspiração que está sendo tramada é bem urdida e, por assim dizer, é impossível à monarquia e à Igreja dela escapar." O caso do colar em curto prazo viria justificar essa sinistra profecia...

Segue então uma evocação de Cagliostro* "que tinha razão por estar orgulhoso. A Maçonaria conquistava sua primeira vitória, tão decisiva que a seita dali em diante podia tirar a máscara", p. 48 (fim da citação).

Foi propositalmente que citamos esses dois excertos de Costa de Beauregard, dignos de figurar em uma antologia do antimaçonismo. De fato, ele se comporta como aluno de Barruel, sem nada trazer de original. "Seu preconceito evidente lhe traz muito interesse na pintura de um personagem tão vivo e tão característico de uma época como foi o conde de Virieu", escreve Alice Joly, p. 123, nota 7 de sua biografia sobre Willermoz; ela acrescenta na p. 183, nota 1: "As confidências do conde de Virieu foram, desde Barruel, frequentemente utilizadas pelos autores antimaçônicos, que não se ausentaram de estender à Maçonaria inteira o que certamente se referia à Ordem de Weishaupt".

A sequência da história da "Bienfaisance", de Lyon, mostra que Virieu, ao contrário do que diz seu biógrafo, Costa de Beauregard, não deixa a sociedade dos franco-maçons depois de Wilhelmsbad. Ele continua até as primeiras turbulências da revolução e nela exerce um papel importante.

Aos defensores da tese do complô maçônico seria suficiente opor – se eles tivessem boa-fé – o art. III da "Regra Maçônica das Lojas Reunidas e Retificadas", aprovada no Convento Geral de Wilhelmsbad em 1792, artigo intitulado: *Deveres para com o Soberano e a Pátria.*

Parágrafo I: "O Ser Supremo confia de uma maneira positiva seus poderes na Terra ao soberano; respeite e acalente sua autoridade legítima sobre o recanto da terra onde você mora: sua primeira homenagem pertence a Deus; a segunda, à pátria".

Parágrafo II: "Homem sensível! Você reverencia seus pais; honra até mesmo os pais do Estado, e reza pela conservação deles:

---

*N.E.: Sugerimos a leitura de *Cagliostro – O Mestre do Oculto*, de Dr. Marc Haven, Madras Editora.

eles são os representantes da divindade nesta terra. Se eles se extraviarem, responderão ao juiz dos reis; mas seu próprio sentimento pode enganá-lo e nunca dispensá-lo de obedecer".

Para Barruel, Costa de Beauregard e seus sucessores, ainda hoje há esses defensores nos meios integristas e de extrema-direita; os franco-maçons são responsáveis por todas as calamidades... em seguida à Revolução Francesa.

É, sobretudo, na destruição da Ordem do Templo pelo rei Felipe IV, o Belo, que René Guénon veria a origem de todas essas calamidades: subversão e desvio da própria monarquia francesa, causas primeiras da revolução.

"Por outro lado, pode-se compreender nessas condições que a destruição da Ordem do Templo tenha arrastado ao Ocidente a ruptura das relações regulares com 'o centro do mundo'; é exatamente ao século XIV que é preciso remontar o desvio que resultaria inevitavelmente dessa ruptura, e que foi se acentuando gradualmente até nossa época." René Guénon, *Aperçus sur l'Ésotérisme Chrétien*, p. 53.

Que nos identifiquemos ou não com a opinião de René Guénon, é certo que muitas coisas aconteceram em 1892, data de publicação do *Roman d'un Royaliste sous la Révolution*. Do caso das fichas ao tempo do pequeno padre Combes – caso que sucedia, mas em um sentido inverso, se pudermos dizer, ao caso Dreyfus, este manipulado pela extrema-direita católica francesa – no caso Stavisky, em 1934, a Franco-Maçonaria francesa foi posta em questão e foi efetivamente comprometida por alguns membros e algumas de suas obediências.

Na realidade, a Franco-Maçonaria nunca foi constituída, nem hoje nem no século XVIII, por uma organização monolítica, única em suas modalidades e tendências, e submetida a um chefe supremo, único, nacional ou internacional, como queriam fazer crer seus detratores político-religiosos.

A obscenidade, quando foi uma realidade efetiva, surgiu apenas no seio de uma Maçonaria chamada "Irregular", a que havia escolhido, desde 1877, "a via substituída". Infelizmente, é só essa forma desavergonhada, e apenas ela, que querem conhecer seus adversários.

RETORNEMOS AO CONVENTO DE WILHELMSBAD

Sua lembrança permaneceu viva. Em 1982, seu bicentenário foi celebrado solenemente pelo Grande Priorado das Gálias, de acordo com a Grande Chancelaria da Ordem dos C.B.C.S., em Gênova. Mas, antes de evocar esse bicentenário, é preciso voltar no tempo. Vimos Jean-Baptiste Willermoz como presa dos ataques de Savalette de Langes e de Beyerlé. Entretanto, os Irmãos franceses em Estrasburgo e em Lyon focaram o trabalho e redigiram os rituais dos três primeiros Graus.

E, em 1784, Willermoz recebe a visita de Cagliostro, e "o magnetismo animal", descoberto pelo austríaco Mesmer, de Paris chega a Lyon.

SEXTO PERÍODO
1785: CAGLIOSTRO E MESMER

CAGLIOSTRO

No fim de 1784, escreve A. Joly que J.-B. Willermoz recebe a visita de um misterioso viajante, um certo conde Fênix, pseudônimo sob o qual quase não se discerne do suposto conde de Cagliostro seu verdadeiro nome, Giuseppe Bálsamo, nascido em Palermo, em 1743. Verdadeiro andarilho, ele percorria a Europa em todos os sentidos: em 1777, teria sido iniciado como maçom em Londres, encontraram-no em Mitau, no Grão-Ducado da Curlândia, onde funda uma Loja "andrógina"; chega até São Petersburgo, mas Catarina II não o recebe. Por onde passa ele exerce a medicina e faz curas milagrosas (?), praticando magia também.

Encontram-no em Estrasburgo, onde durante três anos é hóspede do cardeal de Rohan. Foi aí, parece, que ele concebeu a Franco-Maçonaria: desde o romance *Sethos*, do abade Terrasson, o Egito fica em moda. Depois vai a Bordeaux, onde, segundo A. Joly, ele ouve falar de Willermoz. Em Lyon, propõe a esse último estabelecer a Loja-mãe de seu rito egípcio no lugar da Bienfaisance... Apesar de quatro longas entrevistas, a eloquência do siciliano não fez o lionês abandonar sua prudente reserva. Cagliostro então conquistou a Loja "La Sagesse", que se tornou "La Sagesse Triomphante", onde se praticava a hidromancia como arte divinatória... Desde fevereiro de 1786, tendo feito muitas trapaças, o mago deixa Lyon por Paris. Surge o caso do colar da rainha; ele está preso como seu protetor, o cardeal de Rohan. Depois de seis meses de detenção, ele é absolvido, mas imediamente expulso. Retorna a Londres, depois visita a Basileia e, finalmente, joga-se na boca do lobo: em Roma, em dezembro de 1789, é capturado, preso no Castelo Sant'Ângelo, condenado à morte por magia e por pertencer à Franco-Maçonaria, apesar das mais fantasiosas revelações. Mas a pena de morte é comutada por pena de prisão perpétua; ele morre em 26 de agosto de 1795, aos 52 anos, nos calabouços da Inquisição, louco, alguns dizem; de um ataque de apoplexia, diz Robert Amadou em um artigo muito documentado do *Dictionnaire,* de Ligou.

"La Sagesse Triomphante" devia declinar rapidamente, e a influência do Grão-Copta, nome que Cagliostro havia atribuído a si mesmo, tendo sido nula para o R.E.R., continuaremos aí com esse personagem de romance.

MESMER

Com Franz-Anton Mesmer, temos o caso de um autêntico médico que sustentou uma tese diante da Faculdade de Viena, em 27 de maio de 1766, sobre a influência dos planetas. Forças interplanetárias agem sobre nossa terra e sobre todos os seres vivos. Elas constituem um fluido muito sutil que circula no interior dos organismos vivos e cujo desequilíbrio produzirá doenças. No início de sua prática, Mesmer utilizará os amantes e sua teoria com essa bipolaridade, não sem lembrar a noção de energia, "Chi" ou "Ki" da medicina tradicional chinesa: as energias dos cinco órgãos são moduladas pelas do Cosmos, segundo o ciclo Nyct Hemeral e o ciclo sazonal, com seus aspectos Yin e Yang, negativo e positivo. Em suma, "o que está embaixo é como o que está em cima". Ele dá à sua descoberta o nome de "magnetismo animal". Depois dos amantes, ele utiliza o famoso tonel no qual se mergulhava hastes de ferro, que deveriam manter os doentes. Era o suporte pseudocientífico de sua teoria. De fato, Mesmer havia descoberto o poder da sugestão na patologia da emoção e nos doentes, e que se qualifica hoje de "funcionais", por oposição aos que apresentam lesões orgânicas... o funcional não precede geralmente a lesão?

Os doentes estavam mergulhados em um sono artificial que não se chamava ainda de hipnose, mas que Mesmer chamava de "sonambulismo artificial". Geralmente, durante as sessões de tonel, os doentes eram tomados por crises convulsivas – mais comumente se tratava de mulheres – crises análogas às que o grande Charcot provocava nos histéricos do Salpêtrière, um século mais tarde. Ao final das crises, durante as quais os doentes podiam reviver acontecimentos passados, mas traumatizantes, eles se declaravam melhor, fenômenos de ab-reação, diriam hoje os psicanalistas, mas Mesmer ignorava tudo sobre o inconsciente e os fenômenos de transferência. Nada admirável que ele pudesse curar casos de paralisia ou de cegueira histéricas como os que retoma seu recente biógrafo, Joseph Thuillier, em seu livro *Mesmer ou l'Extase Magnétique*.

Em 1778, Mesmer está em Paris: ele teve de deixar Viena depois do fracasso da cura de uma jovem cega. Seu maior desejo então era de que reconhecessem a legitimidade de sua descoberta pela faculdade de medicina. Mas esta, depois de um exame, recusa-se a fazê-lo. O que não impediu o prodigioso sucesso do magnetismo animal tanto com as princesas quanto com as pessoas comuns...

É preciso esperar 1784 para que o magnetismo animal seja introduzido em Lyon por um discípulo de Mesmer. Em Paris, uma sociedade digamos paramaçônica, "A Harmonia", foi fundada em

1783 para ser a escola oficial do magnetismo. Em Lyon, será "a Concórdia". Amigos de Willermoz, o comandante de Monspey, Millanois, e muitos outros vão contribuir com ela. Alice Joly relata longamente os desenvolvimentos da nova medicina em Lyon. Um belo dia, os experimentadores percebem que as pessoas mergulhadas no sono magnético eram capazes de responder às perguntas que lhes eram feitas sobre assuntos variados. Quando acordavam, tinham esquecido o que haviam dito...

De método terapêutico que era no começo, o mesmerismo se torna um método de adivinhação, de comunicação com o além, graças aos dons de "clarividência" que ele desenvolvia nas pessoas adormecidas. Uma certa srta. Rochette se torna o assunto escolhido dos amigos de Willermoz. Mas os experimentadores não podiam conceber que as respostas a seus assuntos eram em função de um lado de seus desejos e, de outro, das capacidades de fabulação dos ditos assuntos.

Entretanto, até aqui a influência dos "sonâmbulos" sobre Willermoz como fundador do R.E.R. não parece que deve ser retida.

Infelizmente não acontecerá o mesmo quando, em "5 de abril de 1785 à noite", alguém levará a Willermoz cadernos escritos "sob uma inspiração sobrenatural, análoga ao sono magnético", por um agente supostamente desconhecido: um estilo estranho, signos enigmáticos, desenhos disformes, palavras incompreensíveis, constituíam a mensagem e as instruções.

O agente desconhecido testemunhava um grande conhecimento sobre a Franco-Maçonaria e a doutrina de Martinez de Pasqually... e isso teria provocado a desconfiança de Willermoz... Esperar isso, ou seja, as revelações do *agente desconhecido*, levou à mudança da palavra do 1º Grau. Quando a dúvida invade enfim o espírito de Jean-Baptiste, ele procura controlar o *agente desconhecido,* pela srta. Rochette... e, no fim de abril de 1787, o comandante de Monspey acompanhado por sua irmã, sra. de Vallière, canonisa de Remiremont, ouve as opiniões da srta. Rochette. Era a sra. de Vallière que compunha as estranhas mensagens do *agente desconhecido* e seu irmão que as transmitia. Esses fenômenos são conhecidos pelo nome de escrita automática. Para Alec Mellor, na página 20 do livro de René le Forestier, *Introduction*, a sra. de Vallière é uma autêntica alienada, atingida por delírio de influência mística. Em seu dicionário, pelo menos a metade do artigo "Willermoz" é consagrada ao *agente desconhecido*.

No cap. V de seu livro *René Guénon et les Destins de la Franc-Maçonnerie*, Denys Roman sustenta posições diametralmente opostas às de Alec Mellor, no que se refere à Franco-Maçonaria Templária, à Franco-Maçonaria Jacobita, à Franco-Maçonaria Escocesa e a propósito da obra de René le Forestier. No nº 16 dos Trabalhos de Villard de Honnecourt, *René Guénon et le R.E.R.*, Jean Tourniac apresenta amostras do estilo e das preocupações da sra. de Vallière, essa "sonâmbula" (*sic*), cuja influência sobre Willermoz provoca as "reservas" de René Guénon e de Denys Roman sobre o R.E.R. E no nº 17, o artigo de Ch. Guigue, intitulado *Phaleg,* avalia essa questão delicada. Mas essa irrupção do irracional no fim do "Século das Luzes" não poderia ser encarada como um retorno a uma situação "tradicional" como a que Jean Servier expõe no nº 14 dos Trabalhos de Villard de Honnecourt, *Rêve, Transe et Initiation*, p. 223 ?

Qualquer que seja, quando se sabe como o grande Charcot, o pai da Neurologia Moderna, que deixou seu nome a várias doenças, do sistema nervoso em particular, deixou-se abusar pelos histéricos do Salpêtrière, mostraram-se indulgentes com relação a Willermoz e seus Irmãos em sua procura pelo absoluto.

Em todo caso, qualquer que seja a via escolhida, lembrar-se-á desta parábola do Talmude: "Quatro rabinos que se dedicavam a pesquisas esotéricas haviam penetrado no Pardes. Um viu e morreu, o outro viu e se tornou louco, o terceiro devastou as jovens plantações. Apenas o rabino Akiba entrou e saiu são". Não é sem riscos que se abriu a Porta de Ouro que dá acesso ao "pomar dos mistérios".

SÉTIMO PERÍODO 1789-1824: O PERÍODO REVOLUCIONÁRIO, O CONSULADO E O IMPÉRIO

"NO MEIO DA TORMENTA"

"As verdadeiras causas das revoluções políticas vêm das desigualdades sociais que se tornam insuportáveis pelo arbitrário e a desordem econômica, pela fraqueza dos governos, pela incapacidade das administrações."

Alice Joly, *Un Mystique Lyonnais*, p. 269.

Não há nada a acrescentar a essa citação de sra. Alice Joly sobre as causas complexas e variadas da Revolução Francesa. No cap. III do livro citado, ela faz uma análise sem uma ideia preconcebida sobre a situação da França durante o período pré-revolucionário e sobre o possível papel da Maçonaria. Viu-se a propósito de Willermoz o que faltava pensar acerca da tese do "complô", cara a Barruel. E como escreve Yves Trestournel, no nº 18 dos Trabalhos de Villard de Honnecourt: "Nesse tempo de comemoração do bicentenário da Revolução Francesa, cada um compreenderá que os franco-maçons agiram segundo o nível de consciência ao qual a virtude maçônica os havia elevado: seus atos guiados pelo espírito de tolerância e de liberdade. A Ordem nunca se engajou em uma revolução qualquer".

A atividade das Lojas Maçônicas em que os Irmãos se consagravam aos trabalhos rituais começa a diminuir desde o início dos acontecimentos "que destruíram na França o Antigo Regime". Muitas caíram em dormência... O Administrador-Geral do Grande Oriente, o duque de Montmorency-Luxembourg, emigra no dia seguinte ao 14 de julho de 1789. Os Irmãos se dividem... e no início de 1793 há a apostasia, como escreve Pierre Chevalier, de Philippe-Égalité e sua demissão do Grão-Mestrado do Grande Oriente.

Em Lyon, no início da revolução, Willermoz, Perisse-Duluc e o conde de Virieu eram a favor das ideias novas. Mas eles continuaram a ser moderados. Quando Lyon se ergue em 1793 contra a ditadura dos jacobinos e dos montanheses, Virieu comanda um dos setores da cidade sitiada e Willermoz se refugia em suas funções de administrador dos hospitais. Henri de Virieu encontrará a morte durante uma saída e Willermoz deverá deixar Lyon e se esconder. "Fugitivo e perseguido em dezembro de 1793, denunciado pelo fabricante de perucas Carra, ele deixa Lyon no dia 2 de fevereiro de 1794." "O terror se abateu sobre a cidade de novembro de 1793 a abril de 1794." Os Irmãos do Rito Retificado pagaram então um pesado tributo à repressão... "A vitória montanhesa arruinou as oficinas e dispersou todos os Irmãos. As 14 Lojas da cidade cessaram toda a atividade e a Maçonaria Lionesa só se recuperou da catástrofe de 1793 a partir do Consulado." Pierre Chevalier, tomo I, p. 367-369, *Histoire de la Franc-Maçonnerie Française*.

Em Lyon, cuja sede dura de 8 de agosto a 9 de outubro de 1793, a repressão foi atroz: por volta de 700 pessoas foram guilhotinhadas ou metralhadas sumariamente. Dentre elas, A. Ladret conta 102 Irmãos, e ele mesmo confessa que a lista está incompleta. Põe-se em evidência 15 membros da Bienfaisance, o último da lista se chama Antoine Willermoz, camiseiro, 52 anos.

Em Paris, ao contrário, no dia 2 de fevereiro de 1793, 12 dias depois da execução do rei, em 21 de janeiro de 1793, Roëttiers de Montaleau preside a primeira reunião da "Centre des Amis", atualmente Loja nº 1 da G.L.N.F.

Em 1808, a Loja "Le Centre des Amis", para a qual ele (Roëttiers de Montaleau) havia trabalhado tanto, passa do Rito Francês ao Rito Escocês Retificado e se constitui em seu seio, com a concordância do Irmão Willermoz, uma Prefeitura de Neustrie, relevante ao Grande Priorado da Helvécia. Ao falar da "Centre des Amis", o grande maçom lionês declarava: "É um lugar de criação da Ordem que já nos rendeu grandes serviços". Fim da citação. Artigo de Félix Bonafé, *Un Grand serviteur de la Franc-Maçonnerie, Roëttiers de Montaleau*, em Trabalhos de Villard de Honnecourt, nº 18, p. 79.

O CONSULADO E O IMPÉRIO

Quanto a Napoleão I, esse "homem que considerava o alistamento como o *nec plus ultra* da felicidade e do bem-estar social... foi, queira ou não, um adversário declarado da liberdade, como das liberdades" (Pierre Chevalier, *Histoire de la Franc-Maçonnerie Française*, tomo II).

De 1792 a 1815, a França e os franceses foram submetidos a regimes policiais e/ou militares, em que a delação era uma honra.

Após algumas hesitações, Napoleão conserva a Maçonaria, mas para usá-la. Será "uma Franco-Maçonaria de Estado, obrigada a se transformar em uma espécie de serviço público", como escreve Alec Mellor (*Histoire du Anticléricalisme Français*). Em seu comando, o arquichanceler Cambacérès, dos marechais, quer dizer, Irmãos do imperador. As Lojas foram ocupadas por militares e funcionários.

O que se tornou Jean-Baptiste Willermoz? Ele escapou da representação sangrenta de Fouché e de Collot d'Herbois, pôde salvar em parte seus preciosos arquivos... Em 1796, aos 66 anos, desposa uma jovem de 24 anos. Nasce um menino. Seus amigos estão longe: Saint-Martin, em Paris, inclina-se a um idealismo absoluto, um monismo espiritualista; ele morre em 1803. Prunelle de Lierre, depois de ter ocupado funções políticas, se confina na devoção. Joseph de Maistre é embaixador do rei de Sardenha, em São Petersburgo. Périsse-Duluc morre em 1800.

Sozinho, ele se volta ao trabalho, redige o ritual do 4º Grau, prepara os outros... em vista das retificações previstas em Wilhelmsbad. A esperança renasce: em Marselha, "La Triple Union" se faz retificar assim como em Avignon dos antigos discípulos de dom Pernetty. Em 1808, ele remete ao enviado da "Centre des Amis" rituais e instruções. A sede da província de Borgonha é transferida de Estrasburgo a Besançon. E Cambacérès aceita ser o Grão-Mestre dos Cavaleiros Benfeitores da Cidade Santa, sob o nome de *Eques Johannes Jacobitus a Legibus*!

Os lutos vêm agravar sua solidão: sua mulher morre em 1808, aos 36 anos, seguida em 1810 por sua irmã bem-amada e confidente, sra. Provensal... Seu filho morre em 13 de outubro de 1812.

No mundo profano, ele não fica inativo. Durante a sede em Lyon, como administrador dos hospitais, ele se devota sem descanso aos doentes e aos feridos, e pratica essa virtude de beneficência da qual havia feito o objetivo supremo da Maçonaria Retificada. A partir de 1797, aceita ser membro da Comissão dos Asilos. A carga era pesada: era preciso recuperar das ruínas o que a revolução havia destruído. Em 1800, ele é nomeado conselheiro-geral do Ródano [Rhône] e permanecerá até 1815. Em 1804, será membro do gabinete de beneficência.

Mas não irá recuperar sua Loja "La Bienfaisance". Grande Chanceler da 2ª Província chamada Auvergne, inicia seu sobrinho, Jean-Baptiste Willermoz, o jovem, e Antoine Pont. É a esse último, de quem havia feito um Visitador-Geral da 2ª Província, que ele confia seus arquivos. Mas, em Lyon, mesmo jovens homens como Ballanche, Ampère e Bredin ignoraram o patriarca e não pediram para ser iniciados.

Em 29 de maio de 1824, aos 94 anos, ele passa ao Oriente Eterno. Repousa no Cemitério de Loyasse, sobre a colina de Fourvière. Procurar-se-á inutilmente em Lyon uma rua chamada Jean-Baptiste Willermoz. Que a lembrança de nosso fundador permaneça viva no coração dos maçons retificados!

O PÓS-WILLERMOZ

A Revolução traz uma ruptura na França que marca profundamente a Maçonaria. Nesse início do século XIX, quando uma "era antiga morre e um mundo novo vai nascer", os homens de desejo, "no entanto, não faltam, mas eles abandonam as Lojas". Le Centre des Amis cai em dormência e os Irmãos de Besançon transferem seus arquivos ao Grande Priorado Independente da Helvécia. O ano de 1828 marca o fim do Retificado na França.

Em 1910, Édouard de Ribaucourt e seus Companheiros decidem (a Loja "Le Centre des Amis") acordá-la, e a Loja foi a célula-mãe da Maçonaria Regular ressuscitada na França com o nome de "Grande Loja Nacional e Regular", primeiro nome da atual "Grande Loja Nacional Francesa". Ela se torna uma das Lojas mais prestigiosas da França (Allec Mellor, dicionário *Centre des Amis*). O anuário da G.L.N.F., a "Centre des Amis", traz o nº 1. E. de Ribaucourt que havia obtido do Grande Priorado de Helvécia uma patente para "constituir na França Lojas Simbólicas dos quatro graus (sejam Lojas Azuis ou Lojas de Santo André). A. Mellor, *La G.L.N.F., Histoire de la Franc-Maçonnerie Régulière*, p. 77.

Em 1935, o Grande Priorado das Gálias é fundado e, em 1958, assina um tratado formal com a G.L.N.F. Em 1973, "La Bienfaisance" nº 164, fundada em 1774, é constituída em 4 de outubro. Evidentemente, ela trabalha com o Rito Retificado.

O ano de 1982 vê em setembro a comemoração do bicentenário do Convento de Wilhelmsbad, como apontamos anteriormente.

Essa manifestação internacional, estendida em vários dias, foi marcada por uma exposição na Biblioteca Nacional de Documentos Maçônicos, com o tema: *Espiritualidade e Franco-Maçonaria*, exposição preparada por Frédérick Tristan e editada com uma plaqueta apresentada pelo Grande Chanceler Daniel Fontaine e prefaciada por Frédérick Tristan.

Ao mesmo tempo, acontecia o Convento Geral de Paris sob a presidência do Grande Prior, Grão-Mestre Nacional das Gálias, o *Eques Johannes a Rosa Mystica*, que pronuncia um discurso em que faz uma "breve incursão na história do rito", para em seguida encarar a doutrina com comentários sobre a divisa *Perit ut Vivat* e terminar evocando esse "muro de lágrimas", "testemunho sempre vivo do templo do rei Salomão. *Adhuc Stat*: ele aguenta quando tudo desaba".

Essa manifestação reveste um caráter grandioso pelo número de participantes e representa o conjunto das Maçonarias Regulares e dos Altos Graus templários, tanto europeus quanto não europeus.

O R. P. Riquet fez eco a ela em um artigo do *Figaro,* de 1º de outubro de 1982.

AS CARACTERÍSTICAS DO RITO ESCOCÊS RETIFICADO

Segundo a "Regra Maçônica sobre o Uso das Lojas Reunidas e Retificadas aprovada no Convento Geral de Wilhelmsbad em 1782".

A característica teísta do rito é afirmada no primeiro parágrafo do artigo primeiro: "Deveres para com Deus e a religião", desde a primeira frase: "Sua primeira homenagem pertence à divindade. Adore o Ser pleno de majestadade, que criou o Universo por um ato de sua vontade, que o conserva por um efeito de sua ação contínua, que preenche seu coração, mas que seu espírito limitado não pode conceber nem definir".

O Grande Arquiteto do Universo não é um princípio indefinível, como o Tao da China antiga. É como dizem as preces proferidas na abertura e no encerramento dos trabalhos pelo Venerável Mestre, "o ser eterno e infinito que é a bondade, a justiça e a verdade mesmo". É o Criador "que por sua fala todo-poderosa e invencível deu o ser a tudo que existe". É também a Providência: "única fonte de felicidade da qual ele é para sempre o termo (...) que sempre quis e operou pela felicidade do homem".

A característica cristã aparece no segundo parágrafo. "Mas como você ousaria sustentar seus olhares, ser frágil, você que transgride a cada momento suas leis e ofende sua sanidade, se sua bondade paternal não lhe arrumou um reparador infinito?

Abandonado pelos desvios de sua razão, onde você encontraria a certeza de um futuro consolador? (...) Entregue, portanto, sua graça a seu redentor: prosterne-se diante do Verbo encarnado, e bendiga a providência que lhe fez nascer entre os cristãos. Professe em todos os lugares a divina religião do Cristo (...) O Evangelho é a base de nossas obrigações." (fim da citação).

E é sobre o Evangelho de São João que o neófito pronuncia seu engajamento, sobre esse Evangelho que nos ensina que Jesus é o Verbo encarnado, que – Deus ele mesmo – revela aos homens o Deus invisível e lhes traz a luz e a vida: *Et tenebrae eam non comprehenderunt.*

O ritual nunca fala de nome, mas sempre de batismo.

A regra de Wilhelmsbad é uma profissão de fé cristã, que se opõe a todo racionalismo das "Luzes".

Quanto à característica veterotestamentária do rito, a regra de Wilhelmsbad nada fala. Todavia, as palavras hebraicas não faltam nos rituais, e Jean Tourniac, em seu livro *Vie et Perspectives de la Franc-Maçonnerie Traditionnelle*, intitula o cap. II, "Um nome muito judaico em um ritual muito cristão", e, em *Les Tracés de Lumière*, ele descreve longamente "o escudo de Davi".

Contudo, o R.E.R. dispensa desde o começo, desde a Iniciação, um ensinamento sobre o Templo e sua simbologia. Nos Trabalhos de Villard de Honnecourt, nº 11, o texto de Jean-François Var, *Genèse, Édification du Temple et Nouvelle Naissance*, desenvolve esse ensinamento, ao qual Antoine Faivre consagrou um capítulo de seu livro, *Accès de L'ésoterisme Occidental*, intitulado "O Templo de Salomão na Teosofia Maçônica do Século XVIII": "Pois o Rito Escocês Retificado atualiza o Templo (...) É para o maçom reconstruir o Templo primitivo, de antes da queda, para que nele Deus entre de novo e para que os próprios homens possam retornar a ele como crianças pródigas, arrastando a natureza inteira nessa assunção" (fim da citação).

"Antes da queda", pois o homem é um "ser degradado, viciado e corrompido", que por sua culpa perdeu a luz, mas é "a imagem imortal de Deus", e "filho da luz", "obra-prima da criação quando Deus lhe dá a vida pelo seu sopro". Ele deve ser persuadido da "natureza imortal de sua alma e de seu alto destino" (art. II, Imortalidade da alma); e a regra em seu art. VII vai enumerar os meios suficientes que foram deixados ao homem para ele "recuperar essa semelhança divina, que foi a divisão do homem em seu estado de inocência, que é o objetivo do Cristianismo, e da qual a iniciação maçônica faz seu objeto principal" (2º par. do art. IX).

Desde o primeiro grau do R.E.R. há o início de um movimento dialético ascensional em reação ao movimento de queda, causado pela culpa original. Esse movimento se acentua no segundo pelo "conhecimento de si mesmo (...) o maior pivô dos preceitos maçônicos. Sua alma é a pedra bruta que é preciso lapidar" e por isso é preciso se ver tal qual como se é. No terceiro, volta-se ao Velho Testamento e os modelos propostos são:

- Salomão, que recebeu de Deus o dom da sabedoria.
- Hirão, rei de Tiro, modelo da força que forneceu a Salomão as lenhas e os materiais necessários à construção do Templo.
- Hiram Abiff, modelo de beleza que desenhou e executou os ornamentos que deveriam embelezá-lo.

Assim, retornemos ao Templo e à sua simbologia. O Templo servirá também de símbolo da passagem da Antiga Lei à Nova, como exprime Étienne, nos Atos dos Apóstolos:

"Davi encontra a graça diante de Deus e procura encontrar um abrigo para o Deus de Jacó. Foi Salomão que construiu a ele uma casa.

Mas o Altíssimo não habita o que é feito pela mão do homem, segundo o que diz o profeta:

O Céu é meu trono

E a Terra o caminho de meus passos.

'Qual casa tu me construirias?' diz o Senhor,

'Ou qual será o lugar de meu repouso?'

'Não foi minha mão que fez tudo isso?' 'Homens de nuca rígida',

'Crente de coração e de orelha',

'Tu resistes sempre ao Espírito'".

Quando Jesus perseguiu os mercadores do Templo e os judeus lhes questionaram acerca de um sinal para justificar seu modo de agir, Jesus respondeu: "Destrói esse santuário e em três dias eu o reconstruirei".

É o Cristo-Rei construtor, que prefigura o Mestre Hiram, e do Templo de Salomão erigido e destruído, do Templo de Zorobabel chega ao do Cristo, à Jerusalém celeste de João, na qual não há mais Templo!

Não poderíamos terminar de outro modo esta curta e imperfeita exposição sobre as características do R.E.R. sem citar estas linhas de Frédérick Tristan, no prefácio ao texto *Spiritualité et Franc-Maçonnerie*:

"Sem dúvida, o Rito Escocês Retificado se declara cristão e isso sem ambiguidade, mas não se trata aqui de desposar as querelas de tal confissão ou de militar a favor de algum sistema teológico. Trata-se nada mais, nada menos, de recuperar o sentido iniciático, que pela história de Israel leva ao Cristo, em sua morte e em sua ressurreição, e daí ao espírito Paracleto e à assembleia dos fiéis.

"Assim, ao se impregnar das lições vivas da tradição cristã comumente esquecida, secularizada, sistematizada, o maçom do Rito Escocês Retificado tenta recuperar nele mesmo o estado de inocência e de alta responsabilidade que lhe permitirá, se ele for digno, recuperar as bodas, as do cordeiro após a abertura dos sete selos." (fim da citação).

Poderíamos, para estudar esses aspectos do Rito Escocês Retificado, citar os rituais e as instruções, mas assim teríamos faltado com a regra do silêncio. Será que até mesmo tenhamos dito muito? É o trabalho dos Vigilantes ler e comentar os rituais e explicitar as características do rito e de seu ensinamento progressivo e verdadeiramente iniciático.

BIBLIOGRAFIA

Sobre o Rito Escocês Retificado, a Estrita Observância Templária e Jean-Baptiste Willermoz, duas obras de profanos:

Alice Joly. *Un Mystique Lyonnais et les Secrets de la Franc--Maçonnerie, Jean-Baptiste Willermoz, 1730-1824.* Demeter, 1986.

René le Forestier. *La Franc-Maçonnerie Templière et Occultiste aux XVIIIE e XIXE Siècles.* Demeter, 1987.

E as obras de membros da G.L.N.F.

Johannes, Eques a Rosa Mystica. *La Franc-Maçonnerie Chrétienne et Templière des Prieurés Rectifiés. Réflexions sur l'Organisation Prieurale et l'Esprit du Rite.* 1986.

Paul Naudon. *La Franc-Maçonnerie Chrétienne.* Dervy, 1970. Cap. VI: "La nouvelle Jérusalem et l'affirmation chrétienne. Le rite écossais rectifié".

Jean Tourniac. *Principes et Problèmes du Rite Écossais Rectifié et de sa Chevalerie Templière.* Dervy, 1969-1985.

_____. *Les Tracés de Lumière*. Dervy, 1976-1987.

_____. *Vie et Perspectives de la Franc-Maçonnerie Traditionelle*. Dervy, 1978.

_____. *Symbolisme Maçonnique et Tradition Chrétienne*. Dervy, 1982.

Joseph de Maistre. *Écrits Maçonniques de J. de Maistre et de Quelques-uns de ses Amis Francs-Maçons*.

Villard de Honnecourt nº 14. *Le Convent de Wilhelmsbad,* por Edmond Mazet.

Villard de Honnecourt nº 11. *Les Actes du Convent des Gaules,* por Edmond Mazet. *Genèse, Édification du Temple et Nouvelle Naissance,* por Jean-François Var.

Villard de Honnecourt nº 15. *Mystique Chrétienne et E.O.T. en Allemagne au XVIIIE siècle*, por J. Fabry.

Villard de Honnecourt nº 16. *René Guénon et le R.E.R.,* por Jean Tourniac. *La triple origine du R.E.R.,* por Gilles Pasquier.

Villard de Honnecourt nº 17. *Les Sources Chrétiennes du R.E.R.*, por Gérard Revnaud Phaleg, por Ch. Guigue.

Villard de Honnecourt nº 18. *Roëttiers de Montaleau,* por F. Bonafé.

Sobre a Franco-Maçonaria, o século XVIII e a Revolução

Jean Baylot. *La Voie Substituée* (Brève histoire des Illuminés de Bavière, cap. I). Dervy, 1985.

Pierre Chevalier. *Histoire de la Franc-Maçonnerie Française*, 3 vol. Fayard, 1984.

Costa de Beauregard. *Le Roman d'un Royaliste...* Plon, 1892.

Émile Dermenghen. *Joseph de Maistre mystique.*

Monseigneur Freppel. *La Révolution Française.* Paris, 1889.

Albert Ladret. *Le Grand Siècle de la Franc-Maçonnerie. La Franc-Maçonnerie Lyonnaise du XVIIIE Siècle.* Dervy, 1976.

Jacques Lemaître. *Les origines françaises de l'antimaçonnisme.* Éditions de l'Université de Bruxelles, 1985.

Alec Mellor. *Histoire de l'Anticléricalisme Français.* Mame, 1966.

J.-J. Mounier. *De l'Influence Attribuée aux Philosophes, aux Francs--Maçons et aux Illuminés sur la Révolution de France.* Prefácio de Alec Mellor. Gutenberg Reprint, 1980.

Villard de Honnecourt nº 8. *Barruel et l'Antimaçonnisme*, por Roger Girard.

Obras Gerais

Ernst Benz. *Les Sources Mystiques de la Philosophie Romantique Allemande.* Vrin.

Antoine Faivre. *Accès de l'Ésotérisme Occidental.* Gallimard, 1986.

René Guénon. *Études sur la Franc-Maçonnerie et le Compagnonnage. Aperçus sur l'Ésotérisme Chrétien.* Éditions Traditionnelles.

Daniel Ligou. *Dictionnaire de la Franc-Maçonnerie.* P.U.F., Paris, 1987.

Alec Mellor. *Dictionnaire de la Franc-Maçonnerie et des Francs--Maçons.* Belfond, 1971.

La G.N.F.L., Belfond.

Les Grands Problèmes de la Franc-Maçonnerie d'Aujoud'hui.

Paul Naudon. *Les Origines religieuses et Corporatives de la Franc--Maçonnarie.* Dervy, 1979.

_____. *L'Humanisme Maçonnique.* Dervy, 1980.

_____. *Les Loges de Saint-Jean.* Dervy, 1980.

Denys Roman. *René Guénon et les Destins de la Franc-Maçonnarie.* L'Oeuvre, 1982.

Auguste Viatte. *Les Sources Occultes du Romantisme.* Champion, 1979.

CRONOLOGIA DA E.O.T. E DO R.E.R.

1314 – 19 de
   março – Suplício de Jacques de Molay.
   – 24 de Vitória dos escoceses sobre os ingleses em Bannockburn.
   junho –
   1390 – Manuscrito Regius, primeira coletânea conhecida dos Antigos Deveres.
1430-1440 – Manuscrito Cooke.
1494-1553 – Nascimento e morte de François Rabelais.
1575-1624 – Nascimento e morte de Jacob Boehme.
   1596 – Processos verbais da Loja "Mary's Chapel", em Edimburgo.
   – Os estatutos de William Schaw.
   1600 – John Boswel recebido em "Mary's Chapel".
   1603 – Jaime Stuart VI da Escócia se torna Jaime I da Inglaterra.
   1649 – Execução de seu filho, Charles I.
   1660 – Charles II, rei da Inglaterra.
   1666 – O grande incêndio de Londres.
   – *Sir* Christopher Wren.
   1670 – Louise de Keroualle na Inglaterra († 1734).

1688 – Jaime II Stuart, perseguido pela Revolução, retira-se ao Castelo de Saint-Germain.
1717 – 24 de junho – Fundação da Grande Loja de Londres.
1722 – Nascimento de Karl Von Hund em Altengrottkau.
1723 – Publicação das primeiras Constituições de Anderson.
1726 – Em Paris, as Lojas "Jacobitas".
1728-1729 – Em Paris, lorde Wharton († 1732). Primeiro Grão--Mestre.
1730 – 10 de julho – Nascimento de Jean-Baptiste Willermoz em Saint--Claude.
1731 – Recepção em Haia de Francisco de Lorena (futuro imperador, † 1765).
1735-1737 – Em Paris, Charles Radcliffe, lorde Derwentwater († 1746 na Torre de Londres).
– "Deveres ordenados aos maçons livres".
1737 – O "Discurso" de Ramsay.
1738 – Publicação das segundas Constituições de Anderson.
1739-1743 – Em Paris, o duque d'Antin, primeiro Grão-Mestre francês.
1743 – Em Paris, "Ordenanças" ou "Estatutos" em 20 artigos. Os Mestres Escoceses. Karl von Hund em Paris. Nascimento de Louis-Claude de Saint-Martin e morte de Ramsay.
1744 – Louis de Bourbon-Condé, conde de Clermont, Grão-Mestre († 1771).
1746 – Charles-Edward Stuart, morto em Culloden.
1750 – Em Lyon, iniciação de J.-B. Willermoz.
1753 – Em Lyon, "La Parfaite Amitié".

- Nascimento de Joseph de Maistre († 1821).
1759 - A Grande Loja dos Mestres Regulares de Lyon (G.L.M.R.L).
1763 - Em Lyon, "Os Cavaleiros da Águia Negra".
1764 - Na Alemanha, Convento de Altenberg.
1767 - Martinez de Pasqually "recebe" Jean-Baptiste Willermoz.
1772 - Convento de Kohlo.
1773 - Correspondência Willermoz - Hund e Weiler - Saint-Martin em Lyon.
- Proclamação do Grande Oriente da França.
1774 - Em Lyon, Weiler e o Grande Capítulo da 2ª Província chamada Auvergne.
- Fundação de "La Bienfaisance".
1776 - Na Alemanha, Convento de Wiesbaden. Morte de Karl Von Hund em 28 de outubro, aos 54 anos.
1777 - Na Alemanha, Convento de Meiningen.
1778 - Convento das Gálias.
- Na Alemanha, Convento de Wolfenbütel.
1781 - Joseph de Maistre, "Memória ao duque de Brunswick".
1782 - Convento de Wilhelmsbad, de 15 de julho a 1º de setembro.
1785 - Em Lyon, Cagliostro, o agente desconhecido.
1793 - Suspensão dos trabalhos, mas Roëttiers de Montaleau funda "Le Centre des Amis".
1797 - Retomada oficial dos trabalhos. Barruel.
1807 - "Le Centre des Amis" adota o Rito Escocês Retificado nº 1.
1824 - Morte de Jean-Baptiste Willermoz em 29 de maio.

1828 – Desaparecimento na França do Rito Escocês Retificado.
1877 – O Grande Oriente suprime o Grande Arquiteto do Universo.
1910 – Estabelecimento por Édouard de Ribaucourt (1865-1936) da "Centre des Amis".
1913 – Nascimento da Grande Loja Nacional Independente e Regular.
1935 – Fundação do Grande Priorado das Gálias.
1948 – A Grande Loja Independente e Regular se torna "A Grande Loja Nacional Francesa".
1973 – Em Lyon, estabelecimento de "La Bienfaisance" nº 164.
1982 – Comemoração do bicentenário do Convento de Wilhelmsbad.
– Artigo do R. P. Riquet, da Companhia de Jesus.

MADRAS® Editora
CADASTRO/MALA DIRETA

Envie este cadastro preenchido e passará a receber informações dos nossos lançamentos, nas áreas que determinar.

Nome _____
RG _____ CPF _____
Endereço Residencial _____
Bairro _____ Cidade _____ Estado _____
CEP _____ Fone _____
E-mail _____
Sexo ❏ Fem. ❏ Masc.   Nascimento _____
Profissão _____ Escolaridade (Nível/Curso) _____

Você compra livros:
❏ livrarias   ❏ feiras   ❏ telefone   ❏ Sedex livro (reembolso postal mais rápido)
❏ outros: _____

Quais os tipos de literatura que você lê:
❏ Jurídicos   ❏ Pedagogia   ❏ Business   ❏ Romances/espíritas
❏ Esoterismo   ❏ Psicologia   ❏ Saúde   ❏ Espíritas/doutrinas
❏ Bruxaria   ❏ Autoajuda   ❏ Maçonaria   ❏ Outros:

Qual a sua opinião a respeito desta obra? _____
_____

Indique amigos que gostariam de receber MALA DIRETA:
Nome _____
Endereço Residencial _____
Bairro _____ Cidade _____ CEP _____

Nome do livro adquirido: ***Criação e História do Rito Escocês Retificado***

Para receber catálogos, lista de preços e outras informações, escreva para:

MADRAS EDITORA LTDA.
Rua Paulo Gonçalves, 88 – Santana – 02403-020 – São Paulo/SP
Caixa Postal 12183 – CEP 02013-970 – SP
Tel.: (11) 2281-5555 – Fax.:(11) 2959-3090
www.madras.com.br

Este livro foi composto em Times New Roman, corpo 12/14,4.
Papel Offset 75g
Impressão e Acabamento
Orgráfic Gráfica e Editora — Rua Freguesia de Poiares, 133
— Vila Carmozina — São Paulo/SP
CEP 08290-440 — Tel.: (011) 2522-6368 — orcamento@orgrafic.com.br